本书得到浙江省哲学社会科学规划课题一般项目“碳达峰碳中和背景下高耗能企业绿色并购赋能低碳转型的机理、路径与对策研究”（24NDJC218YBM）、浙江省软科学研究计划一般项目“浙江‘专精特新’企业数字创新生态系统共生演化机理与治理模式研究”（2025C35073）的资助。

网络位置、董事经验与企业并购

Network Location, Director Experience and M&A

梁 雯 著

中国财经出版传媒集团
中国财政经济出版社
·北京·

图书在版编目（CIP）数据

网络位置、董事经验与企业并购 / 梁雯著. -- 北京：中国财政经济出版社，2025. 5. -- ISBN 978 -7 -5223 -3890 -3

Ⅰ. F271. 4

中国国家版本馆 CIP 数据核字第 2025EM1930 号

责任编辑：陆宗祥　　　　责任校对：张　凡

责任印制：张　健

网络位置、董事经验与企业并购

WANGLUO WEIZHI、DONGSHI JINGYAN YU QIYE BINGGOU

中国财政经济出版社 出版

URL：http：//www. cfeph. cn

E - mail：cfeph@ cfeph. cn

社址：北京市海淀区阜成路甲 28 号　邮政编码：100142

营销中心电话：010 -88191522

天猫网店：中国财政经济出版社旗舰店

网址：https：//zgczjjcbs. tmall. com

涿州汇美亿浓印刷有限公司印刷　各地新华书店经销

成品尺寸：147mm ×210mm　32 开　7. 5 印张　181 000 字

2025 年 5 月第 1 版　2025 年 5 月河北第 1 次印刷

定价：42. 00 元

ISBN 978 -7 -5223 -3890 -3

（图书出现印装问题，本社负责调换，电话：010 -88190548）

本社图书质量投诉电话：010 -88190744

打击盗版举报热线：010 -88191661　QQ：2242791300

前　言

现阶段，无论是国内还是国外，扩张冲动是企业最重要的内生行为之一。但信息不对称的存在，使许多具有并购意愿的企业望而却步。尤其是在目标公司多为非上市公司的情况下，由于证监会并不要求其公开披露信息，并购双方的信息不对称程度进一步恶化，增加了主并公司的决策风险。主并公司难以准确评估目标公司的未来现金流和风险，很可能会并购不良资产，从而导致并购失败，给企业带来巨大的损失，这与企业原本想要获得并购协同效应的初衷背道而驰。由此观之，信息不对称在企业并购过程中非常关键，不但影响企业的并购决策，而且还对并购绩效产生重大影响。董事会是并购等企业行为的直接决策主体，是企业的最高决策机构，其所拥有的信息资源必然会对企业的战略决策发挥重要作用。从每位董事会成员获取的信息渠道来看，一方面来自董事兼任这一社会关系，另一方面来自每一位个体自身的经验。因此，本书首先从外部信息渠道出发，探究不同的董事网络位置对企业并购决策造成何种影响？董事网络如何影响企业并购绩效？当企业信息环境越来越差时，董事网络位置与并购的关系又会如何变化？其次，针对董事先前并购经验这一特殊内部信息，董事并购经验是否能使现有企业获得更多与实施并购战略决策相关的管理程序，从而增加现有企业做出下一个并购决策的可能性？进一步地，董事并购经验的质量有好有差，可能给企业带来的是价值创造，也可能带来的是价值毁损，那么董事过去的并购经验质量的优劣对目前企业的并购绩效会产生何种效应？当企业面临不同的信息环境时，董事并购经验与并购决策、董事并购经验质量与目前企业并购绩效之间的关系会发生何种变化？最后，考虑到企业获取外部信息之后需要有经验的董事来吸收和消化，而董事并购经验这一类内部信息也需要外部信息的补充与完善，这两个信息来源并非独立发挥效应。那么董事网络位置与董事并购经验对并购决策会起到何种交互效应？是替代效应还是互补效应？董事网络位置与董事并购经验质量的交互对并购绩效又会产生何种影响？

基于此，本书试图找到以上问题的答案，将并购信息来源分为外部信息和内部信息，分别探究董事网络位置、董事经验与企业并购之间的相互关系。本书具体研究结论如下：

（1）基于外部信息渠道角度，本书选取2004—2016年沪深A股非金融业上市公司为研究对象，运用Logit模型、Tobit模型与OLS模型，实证检验董事在网络框架下对企业并购决策及并购绩效的影响。研究发现，第一，董事网络位置与企业并购决策呈正相关，董事网络的中心位置意味着企业董事拥有最大限度获取信息的能力，降低信息不对称程度，以便及时把握重大投资机遇并作出科学决策。第二，董事网络传递的有效信息有助于董事更好发挥咨询建议功能，最终获得更好的并购绩效，即董事网络位置与企业并购绩效呈正相关。董事网络层级越高，意味着该董事拥有更多的信息传播渠道，进而加强董事在并购过程中的咨询建议功能，对提升并购绩效起到正向的促进作用。进一步地，当企业面临的信息环境较差时，董事无法从正式信息渠道获取所需信息，董事网络作为一种非正式信息传递渠道能起到关键作用。也就是说信息环境越差，董事网络与并购决策、董事网络与并购绩效之间的正相关关系越强。此外，本书在稳健性检验当中考虑了规模替代效应、指标替代以及内生性问题之后，以上研究结论依然成立。研究结论表明，董事网络位置是企业外部信息的重要来源，是发挥董事会咨询职能的重要信息来源与渠道支撑，为企业重大战略性并购决策以及规模扩张后的价值创造发挥积极的促进作用。同时也说明，在董事会构建与成员选聘的过程中，董事的社会网络位置成为企业应当予以考虑的重要因素之一，与企业的战略决策、持续发展与未来收益息息相关。

（2）基于企业内部信息来源即董事经验，通过追踪董事会成员过去6年是否具有并购经验，以2010—2016年沪深两市A股非金融业上市公司为样本，探讨董事并购经验如何影响企业并购决策，以及董事并购经验质量与企业并购绩效之间的关系。研究发现，首先，董事并购经验越丰富，企业并购概率越大。其次，将董事并购经验质量进行分解后发现，优质的并购经验有利于企业并购绩效的提升。此外，当信息环境较差时，董事并购经验与并购决策的敏感性越强，同时董事并购经验质量对并购绩效的正向作用在企业信息环境较差时会加强。研究结论表明，在企业成长过程中，并购是我国企业外部扩张过程中的最重要方式，也是重要的战略机遇。董事的经验学习为企业提供重要的内部信息，同时也使企业具备专业的并购管理知识。作为战略决策智囊团的董事会成员应认真从以往的并购经验中学习，从成功案例中总结优质经验，强化成功的并购管理程序；同时也要从失败案例中吸取教训，从中得到启示。总之，董事要培养并不断提高自身参与并购的能力，更广泛参与到企业并购活动中去，特别是提高处理复杂并购情况的能力，从而为本企业制定有效的并购策略，提升本企业的并购绩效。

（3）基于企业外部信息与内部信息，以2010—2016年我国沪深A股非金融类上市公司为样本，验证董事网络位置与董事经验对企业并购决策的交互作用，同时进一步检验董事网络位置与董事并购经验质量对企业并购绩效的互补效应。研究发现，首先，在董事网络中，具有并购经验的董事有利于企业并购决策的制定，即网络位置与董事并购经验对并购决策的作用存在互补关系。其次，更高的网络位置与优质的并购经验结合有利于企业并购绩效的提升，即网络位置与董事并购经验质量对并购绩效起到正向交互作用。这两种信息来源交互作用的研究证实了外部信息与内部信息是相辅相成、互相促进的，两者在协同中获取更大的利益。研究结论证明，置身于庞大社会网络中的企业董事，其是否具有从业经验及其经验质量在促进企业并购行为的过程中充分体现了该董事的信息软实力。一方面，通过董事网络渠道的信息传播，董事过去的并购经验可以为指导目前所在企业面临并购决策时做出正确判断提供历史性借鉴；另一方面，拥有优质并购经验的董事更能成为企业不可多得的内部信息来源，从成功的并购实践中总结有针对性的经验和意见，将成为后续参与并购交易并提升企业并购绩效的有力武器。

本书的创新点如下：

（1）基于外部信息传递渠道，本书通过构建董事网络，对上市公司董事之间的关系进行定量描述，将宏观层面的社会学方法运用于微观层面的公司财务研究领域，并且不同于以往单纯从局部网络即特定场景下的人际关系研究企业并购行为，本书从整体网络视角入手，探究企业并购活动事前动机检验与事后绩效考核的动态影响，丰富了社会网络、董事治理与企业并购的研究成果，为公司董事会构建以及优化并购行为提供经验证据。

（2）不同于以往文献主要从组织角度研究并购经验与企业并购之间的关系，本书将并购经验这一层面的研究回归到“人”

的角度。因为总结和转化经验的是个人即董事或者高管，并且随着董事和高管的升迁调动等，“经验”会迁移至别的企业。同时在研究董事并购经验质量对并购绩效的影响时，不同于以往的单纯研究并购经验次数，而是从并购经验质量优劣角度入手，将董事以往的并购经验质量先拆分为优质并购经验与劣质并购经验，再进行深入探讨。

（3）将董事网络位置与董事经验置于同一框架下，分别研究董事网络位置和董事并购经验双重信息渠道对并购决策的互补效应，以及网络位置与董事并购经验质量对企业并购绩效的交互作用，以避免割裂两者导致影响效应的不足，拓展了该领域的研究。

作者

2025年2月

目　录

第一章　绪　　论

第一节　选题背景与选题意义

一、选题背景

现阶段，无论是国内还是国外，扩张冲动是企业最重要的内生性行为之一。对处于转型经济与新兴市场中的我国企业而言，这一点可能更甚（姜付秀等，2008）。从行为表现来看，我国企业扩张冲动近年来极为强劲，以扩张为目的的并购频频发生，并且金额也在不断攀升当中。根据清科研究中心发布的《2016 年中国并购市场年度研究报告》，2016 年我国并购市场合计完成并购案例 3105 起，与 2015 年相比增长 15.3%，其中披露金额的案例数为 2469 起，交易金额达到 1.84 万亿元，同比增长 76.6%，平均并购金额达到 7.47 亿元。国内并购市场在交易量和交易金额上突破历史新高，完成并购案例 2828 起，同比增长 17.4%，共涉及交易金额 1.29 万亿元，同比增长 58.9%。不仅国内并购市场交易十分活跃，同时海外并购也掀起新的浪潮。普华永道发布的《2016 年中国企业并购市场回顾与 2017 年展望》中的数据显示（见表 1－1），2016 年，中国大陆企业海外并购实现大幅增长，交易量增加 142%（接近 2015 年的 2.5 倍），使 2016 年度并购交易量增长率达到历史新高 21%。同时海外投资金额增幅高达 246%（几乎是 2015 年的 3.5 倍），达到 2210 亿美元，超过之前四年我国企业海外并购交易金额的总和。在此过程中，民营企业是其中翘楚，不仅金额上是国有企业并购交易总额的 2 倍之多，并且在交易数量上也达到了 2015 年的 3 倍；其中交易金额超过 10 亿美元的大额海外投资就高达 51 宗，几乎是 2015 年记录的 2 倍。由此可见，并购在我国企业扩张中所占据的地位越来越重。

表 1－1　　2012—2016 年并购交易总数量与总金额

金额单位：10 亿美元

项目	2012 年		2013 年		2014 年		2015 年		2016 年	
	数量（宗）	金额	数量（宗）	金额	数量（宗）	金额	数量（宗）	金额	数量（宗）	金额
战略投资者										
国内	2667	83.6	2704	138.2	4180	225.6	4821	422.1	4804	329.7
国外	286	8.6	275	14.1	354	22.2	316	13.6	337	10.5
战略投资者总和	2953	92.2	2979	152.3	4534	247.8	5137	435.7	5141	340.2
财务投资者										
私募股权基金交易	359	35.4	392	33.6	593	67.8	1063	182.1	1767	222.9
风险投资基金交易	473	0.9	738	0.8	1334	1.3	2735	4.2	3492	5.9
财务投资者总和	832	36.3	1130	34.4	1927	69.0	3798	186.3	5259	228.8
中国内地企业海外并购										
国有企业	41	35.8	55	36.5	78	25.9	80	27.6	116	66.5
民营企业	124	10.1	118	10.6	145	13.6	207	21.0	612	116.3
财务投资者	26	9.6	25	1.0	49	13.3	95	15.3	195	38.1
中国内地企业海外并购之和	191	55.4	198	48.1	272	52.7	382	63.9	923	220.9
香港特区企业海外并购	166	12.2	164	9.0	215	20.7	199	25.0	281	18.2
总计	4116	186.5	4446	242.7	6899	377.0	9421	695.5	11409	770.1

资料来源：汤森路透，投资中国及普华永道分析。

虽然通过并购可以快速扩大企业的生产经营规模、提升自己的核心竞争力，但由于存在信息不对称，许多具有并购意愿的企业望而却步。尤其是在目标公司多为非上市公司的情况下，由于证监会并不要求其公开披露信息，并购双方的信息不对称程度进一步增加，也增大了主并公司的决策风险。主并公司难以准确评估目标公司的未来现金流和风险，很可能并购不良资产，从而导致并购失败，给企业带来巨大的损失，这与企业原本想要获得并购协同效应的初衷背道而驰。换句话说，因为信息不对称问题的存在，导致企业可能买到“柠檬”。出于对买到“柠檬”的恐惧，一方面，具有并购意愿的企业会降低并购支付对价，导致高质量目标公司退出市场；另一方面，具有并购意愿的企业会等待观望，甚至退出市场，从而抑制了企业的扩张欲望。因此，信息不对称在企业并购过程中非常关键，其不但影响企业的并购决策，还对并购绩效产生重大影响。董事会是并购等企业行为的直接决策主体，是企业的最高决策机构，所拥有的信息资源必然会对企业的战略决策发挥重要作用。已有文献表明，董事会的结构（谢志华等，2011）、规模（于东智和池国华，2004）、成员背景（魏刚等，2007）等董事会特征会对企业的经营活动和经济行为产生重要影响。目前，企业董事的另一个重要特征——社会网络位置，也逐渐引起学者的关注。格兰诺维特（Granovetter，1985）认为，企业嵌入社会网络之中，其各项决策必然会对网络中的其他企业及个人产生重要影响，同样，企业的各项活动也不断地受到所在网络中其他组织和个体的感染。企业存在的社会网络环境既包含与其他企业的业务往来关系，也包括个体联系诸如董事、股东、高管和员工等，其中，个体联系的董事联结与社会网络在逐步增长与扩大（卢昌崇和陈仕华，2009）。

目前，就社会网络对企业并购影响方面的学术文献，主要是从创业板股东网络（李善民等，2015）、独立董事网络（万良勇和胡璟，2014）、高管网络（蒋德权等，2016）以及主并公司和目标公司的连锁董事关系（陈仕华等，2013）等角度展开。但是，以往研究仅关注网络的某一方面，例如，以往关于独立董事网络的研究主要从弱联结优势理论（Granovetter，1973）出发，强调弱联结的独立董事在传递异质性信息时相较于强联结的内部董事能力更强；连锁董事网络方面的研究，则仅关注并购双方联系等此类局域性质网络。因此，割裂的董事网络研究破坏了原本统一而整体的董事网络边界。在判断是否进行并购的抉择过程中，董事会全体成员进行群体决策，由于信息不对称问题，目标公司选择与估值过程中都会遭遇各种不确定性和风险，甚至影响并购绩效的优劣。每位董事的个体联系此时就成为社会资源的纽带，为企业传递外部消息，因而董事群体间达到资源共享和信息充分交流，可以有效缓解信息不对称程度，降低并购决策失败风险与提升事后并购绩效。基于此，本书首先从企业的外部信息渠道角度，探讨董事会全体成员所构建的社会网络对企业并购行为的影响。

以往关于并购经验的研究都基于组织角度即企业的立场，而忽略了董事自身经验对企业并购决策的影响。本书认为应当将经验这一层面的研究回归到“人”的角度，因为总结和转化经验的是个人即董事或者高管，并且随着董事和高管的升迁调动等，“经验”会迁移至别的企业。根据组织学习理论，董事并购经验是从曾经的并购经历中获得（Harford 和 Schonlau，2013）的。目前董事的并购经历受到企业的青睐，是重要的并购经验来源。董事获取并购经验的过程就是组织知识个人化的过程，而董事利用以往的并购经验指导现有企业的并购活动则是个人知识组织化的过程。如果董事具备丰富的并购经验，则会影响企业对并购知识的吸收和利用。根据前期目录，掌握相应的并购专业知识和并购过程管理经验，使企业的并购案例有章可循，有例可遵。因而董事具备信息筛选能力（Mcdonald 等，2008），有助于目前的企业做出合理的并购决策（Reeves 和 Weisberg，1994）。进一步地，企业并购最终能否获取价值提升，则主要取决于董事过往参与并购的质量（Field 和 Mkrtchyan，2017）。基于此，本书亦从内部信息的角度，探讨董事会成员经验（而非组织经验）对企业并购行为的影响。

综上所述，根据信息不对称理论，本书研究董事会信息对企业并购有何影响。从每位董事会成员获取的信息渠道来看，一方面来自董事兼任这一社会关系，本书称为“外部信息渠道”；另一方面来自每一位个体自身的经验，本书称为“内部信息渠道”。因此本书首先根据企业间董事兼任这一现象，从董事网络入手，从外部信息渠道角度考察不同的董事网络位置对并购有何影响。其次，关注到董事经验这一特殊的企业内部信息，从内部信息渠道角度探究董事经验如何作用于企业并购行为。同时也考察在不同的约束条件下，即面对不同程度信息不对称（不同的信息环境），是否会改变以上关系。最后，考虑到企业获取外部信息之后需要有经验的董事对其进行吸收和消化，而董事经验这一类内部信息也需要外部信息的补充与完善。这两个信息来源并非独立发挥效应，因此本书立足于内部信息和外部信息，研究董事网络位置和董事经验双重信息渠道对并购的交互影响。本书的研究结论为企业董事会治理与构建、董事成员选聘以及优化企业并购行为等方面提供经验证据与理论价值。

二、选题意义

本书以我国沪深 A 股上市公司的并购事件作为切入点，检验并购信息来源渠道即董事网络位置与董事经验对企业并购的影响，其理论与现实意义如下。

从理论角度来看，首先，并购是资本市场上重要的投资活动、资源配置与整合活动，信息优势无疑是成功的关键之一。本书基于信息不对称理论和社会网络理论，证明董事网络位置通过外部信息渠道为企业提供信息，对企业并购决策和并购绩效具有促进作用，拓展了社会网络的经济价值这方面研究。同时也说明在信息环境较差的情境下，正式信息渠道受限时，社会网络信息在此过程中对正式信息起到替代效应。拉克尔等（Larcker 等，2013）呼吁重视董事网络的重要作用，本书有助于理论和实务界深入理解董事网络的非正式信息对企业并购的影响，是对该领域的有益补充。其次，已有文献讨论了经验对企业并购的影响，可是如何能够帮助企业充分认知和有效利用并购经验，却较少有文献进行深入和系统思考，且目前的研究都着眼于组织角度。本书基于组织学习理论，将并购经验这一层面的研究回归到“人”的角度，分别探讨董事并购经验以及董事并购经验质量对当前企业并购决策和并购绩效的影响。当主并公司具有并购意愿或者并购倾向时，董事并购经验使其充分认知和有效利用信息优势和合作优势，在并购决策和并购执行过程中促进董事功能更有效发挥，从组织学习视角深化了董事经验研究。最后，董事被视为负责保护股东利益的代理人，具有监督者和战略咨询者的双重角色。以往学者主要从监督者角度特别是着重研究了独立董事的监督职能（唐雪松等，2010；叶康涛等，2011；陈运森和谢德仁，2011），而对董事会的咨询功能研究却相对匮乏（龚辉锋和茅宁，2014）。本书的思路是“董事网络/董事经验—信息机制—企业并购”，董事网络和董事经验的存在使信息流通成为可能，在此过程中董事主要发挥咨询作用，本书丰富了董事会的咨询建议角色研究。

从现实意义上来说，我国目前正面临亟须经济结构调整、生产技术进步和经济发展方式转变的大环境，并购正是实现以上步骤的重要途径，并且现阶段我国并购活动非常活跃，国务院也逐步相应地颁布了一系列的法律政策。如 2010 年公布了《关于促进企业兼并重组的意见》，要求充分认识企业兼并重组的重要意义，消除企业并购重组的制度障碍，加强对企业兼并重组的引导和政策支持，并且制定了详细的促进企业兼并重组任务分工表。2014 年 3 月继续发布《关于进一步优化企业兼并重组市场环境的意见》，主要从加快推进审批制度改革、改善金融服务、落实和完善财税政策、职工安置、加强产业政策引导和健全企业兼并重组市场环境等方面进行了规定，市场化力度超乎预期。综上所述，在我国的现实背景之下，本书选题具有一定的现实意义，在实践上为合理安排董事会治理结构与优化企业并购行为等带来指导作用。本研究证明了企业董事网络位置和董事经验是发挥董事会咨询职能的重要信息来源与渠道支撑，为企业重大战略性并购决策以及规模扩张后的价值创造发挥积极的促进作用，为主并公司选聘董事会成员提供重要参考；同时也为我国兼并重组法律法规政策的制定和完善提供参考，提升资本市场资源配置效率，促进资本市场的健康发展。

第二节　相关概念界定

针对本书的研究内容与研究目标，选取并购行为、董事网络与董事经验三个关键词进行详细的概念界定。

一、并购行为

与内源式增长方式相比，企业并购具有迅速扩大资产规模的优点，受到战略制定者的青睐。并购（Merger 和 Acquisition，M&A）是兼并（Merger）与收购（Acquisition）的简称。广义的并购包括兼并与收购、股权转让、资产剥离、资产置换等一系列重组行为，而狭义的并购仅仅指的是兼并和收购。

《大不列颠百科全书》中认为，兼并是“两家或多家独立企业，具有相对优势的一家，通过吸收另外一家或多家企业的行为”。1989 年我国颁布《关于企业兼并暂行办法》，认为兼并是“一家企业购买其他企业的产权，使其他企业失去法人资格或改变法人实体的一种行为”。我国 2014 年最新颁布的《中华人民共和国公司法》（以下称《公司法》）第一百七十二条提出，“公司合并可以采取吸收合并或者新设合并。一个公司吸收其他公司为吸收合并，被吸收的公司解散；两个以上公司合并成立一个新的公司为新设合并，合并各方均解散”。兼并主要有两种形式，即新设兼并和吸收兼并，前者指的是两个公司合并成一家，即 A + B = C，在这种情况下，A 公司与 B 公司都被注销，失去其原有的法人地位，C 公司注册存续成为新的法人单位，A 公司和 B 公司的结合是平等的。但是在后者的吸收合并情况下，两者并不等同，A 公司为吸收方，B 公司为被吸收方。A 公司吸收 B 公司之后，A 公司的法人地位依然不变，但是 B 公司丧失法人资格，需要注销，这种形式可以表示为“A + B = A”，并且被吸收企业 B 公司的债务和债权一并由 A 公司全部承担。《国有资产评估管理办法施行细则》和《公司法》关于兼并的规定符合此种合并方式。

收购指的是企业在资本市场通过现金、债券或者股票等多种形式购买其他企业的股权或者资产的形式，可以分为股权收购和资产收购。股权收购指的是购买其他企业的已流通股份或者新发行的股份，或者对方相应股权，可以进行参与控制或者实施控制的形式，此种情况下对方企业并不解体。资产收购则是通过购买对方的全部资产或者部分资产的方式进行。如果购买了全部资产，则对方企业解体；如果购买的是部分资产，则继续存续。《中华人民共和国证券法》（以下称《证券法》）中明确规定，“收购是指持有一家上市公司发行在外 30% 的股份时发出要约收购该公司股票的行为，其实质是购买被收购企业的股权”。

总之，企业兼并与收购，都是公司所有权和产权的有偿转让，都是通过外部扩张的方式以扩大自身发展实力，都是为了加强公司竞争力，实现规模经济效应。兼并（Merger）与收购（Acquisition）的概念虽然在法律地位上并不等同，但是实务过程中，兼并行为占据比例很少，并且往往很难进行清晰的区分，学术研究过程中经常将两者联系起来使用，并不严格区分。因此，本书也沿用学术研究的惯例，在不加说明的情况下，对兼并（Merger）与收购（Acquisition）不作区别，本书将并购（Merger and Acquisition，M&A）界定在狭义并购，即包括资产并购、股权转让和吸收合并，而将其他广义类型的并购，如资产剥离、债务重组、资产置换、股份回购，予以剔除。

二、董事网络

经典的经济学经常假定关系结构既定，把企业看成管理物的机构，仅研究技术层面的各种关系。但是伴随着“利益相关者”概念的提出并引起重视，一种新的看待企业的思潮开始出现。这种思潮把企业看作管理人的机构而不是管理物的组织，它要求以更加宽广的态度处理和研究企业。张其仔（2001）认为，目前对企业的分析不仅应关注企业投资者，同时也必须涵盖到其他的利益相关者。从社会网络视角来看，结合企业的组织体系，企业所涉及的利益群体应包括股东、管理层、员工以及政府等。也就是说，目前企业的目标应当从股东利益最大化调整为利益相关者收益最大化。董事网络是一种重要的组织间网络关系，研究董事网络的重要性不言而喻。一方面，从企业层面来看，各类重大投资经营决策是由董事会制定的，控制董事会相当于掣肘住整个公司；另一方面，从员工层面来看，个人的升迁调动都会受到董事网络的影响。同时董事会成员的各类数据都比较透明，与其他网络数据比较，相对容易获取。虽然董事网络指标不可能涵盖住企业所有利益相关者网络的全部内容，但是作为最重要最关键性的社会网络类型，仍然不失为一个对企业间关系的有力测量。

本书仅考虑连锁现象形成的董事网络，主要出于以下原因：根据五缘文化说，五缘分别为亲缘、地缘、神缘、业缘和物缘。亲缘就是宗族、亲戚关系；地缘，就是邻里、乡党等关系；业缘就是同学、同行关系；神缘就是共同的宗教信仰的关系；物缘，就是因物（如土、特、名、优等产品）而发生的关系。本书无法根据董事个人信息追溯其原籍、户籍及祖籍等地，无法构建诸如马光荣和杨恩艳（2011）、童馨乐等（2011）和杨汝岱等（2011）的关系网络，也不能构建校友关系网络（Nguyen，2012；Hwang 和 Kim，2009；Cohen 等，2010；Shue，2013）。

关于董事网络的概念，已有研究并未给予一致解释，本书采取谢德仁和陈运森（2012）的定义：董事网络范畴指的是在同一家公司担任董事而形成的网络结构。董事网络分布中，主要有两个基本特征：一是组成网络的基本因素——“结点”，即每位董事本身；二是将结点联系起来的纽带——“联结”。如果两个董事至少在同一董事会任职，则两者就有了联系，就会开始传递信息（谢德仁和陈运森，2012）。根据董事的分类，主要分为外部董事和内部董事，因此目前研究，一方面专注于位于企业外部的关系网络，主要指的是外部董事构建而成的网络；另一方面是位于公司内部的关系网络，主要是董事与管理层、监事会或者董事之间的由于五缘关系形成的网络。根据联结方式的不同，连锁董事可以分为直接连锁董事和间接连锁董事（Scott，1991）。

最后值得注意的是，早期对于董事网络的研究主要集中于将网络作为一种思想方法，近年来更多的文献则将它视为一种分析工具。同时存在着“连锁董事”与“董事网络”两种称谓，本书认为，董事网络与连锁董事的含义相差无几，但是董事网络的包络性更强。连锁董事更倾向于是一个财务学概念，而董事网络更全面概括了由于董事兼任形成的关系网络现象，是社会学与财务学的交叉领域，是一个更具有立体型的三维概念。有文献研究主并公司与目标公司之间的董事联结关系（陈仕华等，2013）即董事联结，本书认为，董事联结关系是一种局部微观网络，而董事网络是通过整体网络视角来对所有上市公司进行目标定位（谢德仁和陈运森，2012）。从范围上来说，董事网络应当包含董事联结，但是目前学术研究中也并不很严格区分这两个概念。综上所述，本书是从整体网络入手，采用的是“董事网络”这一词汇，但是在文献回顾中引用了许多董事联结和连锁董事方面的文献，不作区分。

三、董事经验

本书研究的“董事经验”主要指的是董事并购经验，董事并购经验指的是董事在之前并购过程中获得的并购知识或者技能（Gulati，1995；Beckman 和 Haunschild，2002；Mcdonald 等，2008）。董事并购经验是一种隐性知识，不能直接记录和形式化，而获取这一类隐性知识的过程则是并购经历（Nonaka，1991；Sternberg，1997）。但是经历也不等同于经验；董事通过并购经历，进行吸收转化后才成为经验。董事如何从以往并购经历中准确、有效地提取到并购专业知识，凝结为并购经验，用以解决目前企业的问题，这就形成了学习迁移。而学习迁移是团队学习的一种表现。董事会成员作为一个团队，可以根据每位董事之前的经验，在企业内部进行总结并传递新知识、新经验，增强本企业的能力，使企业决策与绩效都获得相应提升（李栓久和陈维政，2007）。董事并购经验与复杂的并购过程相一致，不仅包括选择与定位目标公司时的商务谈判，而且包括后期并购整合的一系列问题，如技能、系统、结构和流程的组合。同时并购经验主要是为企业提供可遵循的常规途径。经验影响行为（Bower 和 Hilgard，1981）。莱文索尔和马奇（Levinthal 和 March，1981）认为，董事从过去的经验进行学习，从而在本企业内部建立有效的并购程序，使并购更加合理和规范。而且随着时间的推移，董事可以积累一定程度的专业技能，学习最佳的并购类型与数量，培养专业的并购能力。一旦具备此种能力，则并购成功概率会大大提高。同时并购经验可以帮助企业对目标公司进行准确估值（Finkelstein，2009），以最优的价格获得最大的价值，在众多选择目标中仔细、谨慎地进行分析，降低并购溢价风险。并购经验也可以提高决策质量，降低与并购有关的风险。总之，经验能为董事带来丰富而多样的信息，为企业带来与并购相关的建设性的批评意见和建议。这些多样性信息有利于董事发现问题，并且解决企业并购过程中的一系列疑难杂症，使企业更加详细了解并购过程中的关键因素，这些关键因素有助于确保决策者不会因为急于求成或者冒险而被误导；如果缺乏相应的经验，则董事会很可能制定与本企业能力不匹配的决策，或者错误定位目标公司，使本企业遭受严重损失。

综上所述，企业并购是由董事会制定的战略决策。如果董事会成员曾经在本企业或者其他企业参与过多次并购活动，具备丰富的并购经验，则会根据学到的知识与技能在并购过程中为企业保驾护航，影响企业的并购决策和并购绩效。

第三节　研究目标与研究内容

一、研究目标

本书基于信息不对称理论，从外部信息渠道和内部信息来源两方面，研究网络位置、董事经验与企业并购之间的关系，从而为公司董事会治理、优化企业并购决策，进而提升并购绩效提供理论参考和政策建议。

本书的具体目标有以下三点：

第一，以我国沪深两市 A 股非金融业上市公司为研究对象，根据信息不对称理论与社会网络理论，先从并购活动事前出发，研究董事网络位置与企业并购决策的关系；再立足于并购活动事后，探究董事网络位置与并购绩效的关系。最后，根据信息环境进行分组，检验以上两者关系是否发生变化。由此，基于董事会的外部信息渠道来检验企业并购行为，作为本书第一层次的经验证据。

第二，基于董事并购经验这一特殊内部信息渠道，即董事会成员通过先前经验获得的“特殊”信息，检验其对企业并购决策的影响；进一步地，将董事并购经验质量拆分为优质的并购经验与较差的并购经验，分别考察对并购绩效的作用。同时，也考虑到在信息环境差异下，董事经验与并购决策、董事经验质量与并购绩效的关系产生何种变化。由此，基于董事会的内部信息渠道来检验企业并购行为，作为本书第二层次的经验证据。

第三，研究目标一关注的是企业外部信息，研究目标二关注的是企业内部信息。那么对于企业而言，外部信息和内部信息相结合，网络位置与董事经验对并购决策会起到何种交互效应？同理，根据资源互补的观点，交互效应强调通过系统间的相互关系而产生结构化效应和协同效应。互补信息资源即网络位置与董事经验质量对并购绩效又会产生何种交互影响？由此，通过网络位置与董事经验的交互对并购的影响研究，构建出本书第三层次的经验证据。

二、研究内容

本书的具体研究内容总结如下：

第一章，绪论。首先，介绍选题背景，突出本书研究的理论意义和现实价值；其次，分别对企业并购、董事网络位置与董事经验进行概念界定；再次，介绍研究目标、研究内容、研究思路和研究方法；最后，总结本书的主要创新点。

第二章，文献回顾与评述。分别回顾了企业并购、董事网络与企业并购关系研究，以及董事经验与企业并购的研究现状，并在以上研究的基础上进行述评，找到本书研究的立足点。

第三章，理论基础。首先，论述企业并购协同动因，阐述信息不对称理论；其次，介绍社会网络相关理论和组织学习理论；最后，综合以上分析，推导出网络位置、董事经验与企业并购的逻辑思路。

第四章，制度背景分析。首先，分别从时间维度、行业维度、地域维度和产权特征这四个方面展开，分析我国上市公司董事网络演进特征；其次，结合制度背景追溯我国并购发展历程；最后，与网络研究思路一致，初步对我国企业并购事件特征进行描述性统计分析。

第五章，董事网络位置与企业并购行为研究。采用 2004—

2016 年沪深两市 A 股非金融业上市公司为研究对象，运用 Logit 模型、Tobit 模型与 OLS 模型，实证检验董事在网络框架下对企业并购决策及并购绩效的影响，并根据企业信息环境进行分组，进一步检验以上两者关系的变化。研究发现，第一，董事网络位置与企业并购决策正相关，社会网络的中心位置意味着企业董事拥有最大限度获取信息的能力，降低信息不对称程度，以便及时把握重大投资机遇并作出科学决策。第二，董事网络传递的有效信息有助于董事更好发挥咨询建议功能，最终获得更好的并购绩效，即董事网络位置与企业并购绩效正相关。董事网络层级越高，意味着该董事拥有更多的信息传播渠道，进而加强董事在并购过程中的咨询建议功能，对提升并购绩效起到正向的促进作用。进一步地，当企业面临的信息环境越差时，董事无法从正式信息渠道获取所需信息，董事网络作为一种非正式信息传递渠道起到关键作用。较差的信息环境分别使董事网络与并购决策、董事网络与并购绩效之间的正相关关系具有增强效应。此外，本书在稳健性检验当中考虑了规模替代效应、指标替代以及内生性问题之后，以上研究结论依然成立。

第六章，董事经验与企业并购行为研究。立足于企业内部信息来源即董事经验，通过追踪董事会成员过去 6 年的并购经验，以 2010—2016 年沪深两市 A 股非金融业上市公司为样本，探讨董事并购经验如何影响企业并购决策，以及董事并购经验质量与企业并购绩效之间的关系。同时也考察了在不同的信息环境下，董事并购经验与并购决策、董事并购经验质量与并购绩效之间敏感性分别发生何种变化。本章的实证结果表明：首先，董事并购经验越丰富，企业并购概率越大。其次，将董事并购经验质量进行分解后发现，优质的并购经验有利于企业并购绩效的提升。区分企业的信息环境，则董事经验对并购的促进作用主要存在于企业信息环境较差的情况下，即信息环境越差，董事并购经验与并购决策的敏感性越强，同时在企业信息环境越差时，董事并购经验质量对并购绩效的正向作用也会加强。而且，考虑到董事会组成的内生性质，解决“公司—董事”之间的非随机匹配问题，本书通过采用工具变量（IV）进行两阶段最小二乘回归，证明研究结论可靠、稳健。

第七章，网络位置与董事经验对企业并购的交互作用研究。以2010—2016年我国沪深A股非金融类上市公司为样本，验证网络位置与董事经验对企业并购决策的交互作用，同时进一步检验网络位置与董事并购经验质量对企业并购绩效的互补效应，得到以下结论。首先，在董事网络中，具有并购经验的董事有利于企业并购决策的制定，即网络位置与董事并购经验对并购决策的作用存在互补关系。其次，更高的董事网络位置与优质的并购经验结合有利于企业并购绩效的提升，即网络位置与董事并购经验质量对并购绩效起到正向交互作用。这两种信息来源交互作用的研究证实了外部信息与内部信息是相辅相成、互相促进的，两者在协同中获取更大的利益。

第八章，研究结论与政策建议。本章内容主要是总结出本书研究结论，并且根据我国的现实情况提出相应的政策建议，最后指出本书研究存在的不足之处，为未来研究指明方向。

第四节　研究思路与研究方法

一、研究思路

本书的结构框架见图1-1。

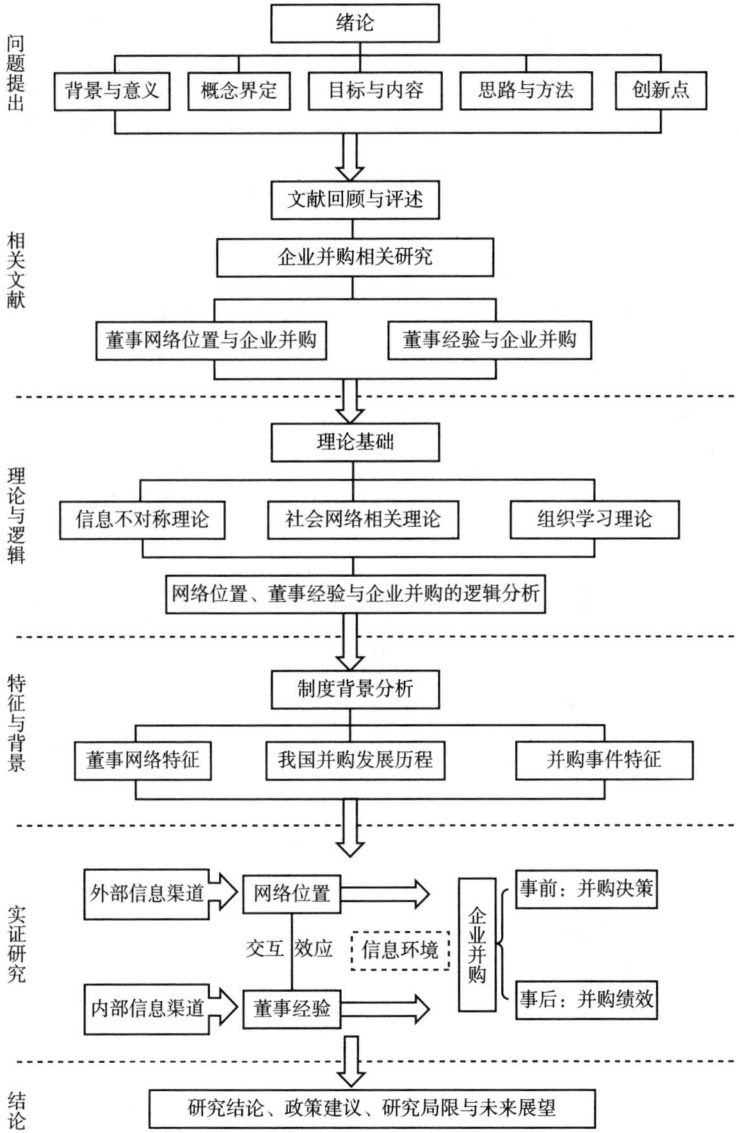

图1-1　本书的结构框架图

二、研究方法

本书研究主要采取实证研究法，同时以规范研究为辅助。在第二章文献回顾与评述、第三章理论基础中主要使用规范研究法，而第五章至第七章主要使用实证研究法，具体研究方法使用情况如下。

第一，规范研究法。在第二章文献回顾与评述中，本书通过对董事网络位置与企业并购行为以及董事经验对并购影响的相关文献进行梳理，根据已有的研究，在第三章理论基础中根据并购的协同效应动因，阐述信息不对称理论、社会网络相关理论与组织学习理论，深入剖析网络位置、董事经验与企业并购之间的作用机理，明确董事网络位置、董事经验对企业并购行为影响的理论渊源与意义。

第二，实证研究法。在实证研究章节中，首先，进行描述性统计分析，对样本变量的数据变化进行初步的趋势掌握和直观印象，报告样本量、均值、标准差、最值、中值、25%分位值和75%分位值等最基础的数据特征。其次，采取单变量分析方法，书中的并购选择变量（MA_1）为二元虚拟变量，因此在此部分采用组间的均值T检验与中值Wilcoxon检验两种方法。第五章至第七章都主要采用Logit模型、Tobit模型与OLS模型。第五章检验董事网络与企业并购决策、并购绩效的关系，并根据信息环境分组，验证以上两对关系是否发生变化。同时进行了三方面的稳健性检验：首先，为了排除“董事网络与并购决策的正相关关系是企业规模导致”的可能性，根据样本公司的规模中位数进行分类后分别检验；其次，为了排除因指标计算方法不同而导致回归结果的差异，变换主要的解释变量进行检验；最后，考虑到可能遗漏变量导致内生性问题，进行固定效应回归，同时运用代理变量的两阶段最小二乘法，即不对现有的解释变量处理，而是从原模型的残差中拟合出有用信息再次进行第二阶段的回归分析。第六章检验董事经验与企业并购决策、并购绩效的关系，同时也分别检验在信息环境差异下，董事经验与并购决策、董事并购经验质量与并购绩效的关系。同时考虑到董事会组成的内生性质，为了解决“公司—董事”之间的非随机匹配问题，通过工具变量法进行两阶段最小二乘回归。第七章验证网络位置与董事经验对企业并购决策的交互作用，同时进一步检验网络位置与董事并购经验质量对企业并购绩效的互补效应。

第五节　本书的主要创新点

本书的创新点如下：

第一，基于外部信息传递渠道，本书通过构建董事网络，对上市公司董事之间的关系进行定量描述，将宏观层面的社会学方法运用于微观层面的公司财务研究领域。而且不同于以往单纯从局部网络即特定场景下的人际关系研究企业并购行为，本书从整体网络视角入手，探究企业并购活动事前动机检验与事后绩效考核的动态影响，丰富了社会网络、董事治理与企业并购的研究成果，为公司董事会构建以及优化并购行为提供经验证据。

第二，将“经验”这一层面的研究回归到“人”的角度。因为总结和转化经验的是个人即董事或者高管，并且随着董事和高管的升迁调动等，“经验”会迁移至别的企业。同时在研究董事并购经验质量对并购绩效的影响时，不同于以往的单纯研究并购经验次数，本书是从并购经验质量优劣角度入手，将董事以往的并购经验质量拆分为优质并购经验与劣质并购经验，进行深入探讨。

第三，将董事网络位置与董事经验置于同一框架下，分别研究董事网络位置和董事并购经验双重信息渠道对并购决策的互补效应，以及网络位置与董事并购经验质量对企业并购绩效的交互作用，以避免割裂两者导致影响效应的不足，拓展了该领域的研究范围。

第二章　文献回顾与评述

根据第一章提出的研究目标，本书对所涉及领域的研究现状进行归纳整理，找出研究问题的出发点。本书主要基于信息不对称理论，从外部信息渠道和内部信息渠道来研究对并购的影响。首先，综述了企业并购研究现状；其次，综述了董事网络与企业并购的相关研究；再次，回顾董事经验与企业并购的研究现状；最后，在以上基础上进行述评，得到本书的研究立足点。

第一节　企业并购相关研究

企业发展的途径既可以通过其内生性成长方式，也可以通过外部扩张方式如企业并购来实现，两种发展方式各有利弊。前者主要是受到周期性规律影响，但是这种方式过于缓慢，而并购向来是以迅速壮大企业规模和占领市场的优点著称。国外学者对并购决策研究开展较早，并且并购特征与不同的时代背景紧密结合。第一阶段的并购开始于 20 世纪 60 年代，科学技术的发展，促进垄断企业的产生，此时以混合并购为主。第二阶段开始于 20 世纪 70 年代，杠杆并购开始兴起，此时的并购并不是真正意义上的并购，并非为了规模经济，而是为了并购之后继续卖出，赚取其中的差价和咨询费用，目标公司具有低杠杆特征（Dietrich 和 Sorensen，1984；Wansley 等，1987；Trahan，1994）。金和阿贝尔（Kim 和 Arbel，1998）发现，美国医疗行业资本投入比重较高的公司更容易成为目标公司。第三阶段的并购始于 20 世纪末，经济全球化的同时，并购也呈现多元化趋势，此时的并购目标选择标准和并购特征都不尽相同（崔永梅等，2013）。阿尔卡德和埃斯皮提亚（Alcalde 和 Espitia，2003）发现，西班牙非金融业上市公司并购时并非出于投机动机，目标公司表现出大股东比例高和管理层持股比例低的特点。布拉尔等（Brar 等，2009）认为，欧洲企业并购是为了获得协同效应，目标公司普遍具备成长性差、规模小和流动性差的特征。埃尔多安（Erdogan，2012）研究发现，土耳其被收购公司获利性低，负债比率也很低。库马尔和拉吉卜（Kumar 和 Rajib，2007）、巴苏等（Basu 等，2008）专注于研究印度并购市场，但是却得到了不同的研究结果，前者的研究发现目标公司规模较小、资产负债率高、市盈率低和流动性差，后者却发现主并方青睐于规模大、流动性高、风险和运营效率差的企业作为目标公司。之所以出现如此大的差异，最大的原因是并购事件的时间不同，因而需求也发生不同的变化。

对我国企业而言，上市需要符合证监会的一系列规定，通过一系列程序，上市资源是一种所谓的“壳资源”。如果上市公司具有业绩较差、规模较小等特征（赵本光，2000），则很容易会被非上市公司并购，这一类上市公司被称为“壳公司”（林俊荣和张秋生，2012）。由于具备相关特征，因而借壳上市是企业并购的主要动机之一（赵勇和朱武祥，2000；李善民和曾昭灶，2003；马海峰和蔡阳，2006）。我国目标公司的特征主要是股权较为分散，资产规模小和财务指标较差。同时与国外研究相一致，相当一部分学者发现行业因素也很重要，如果对行业环境不够了解，那么很可能会错误估价；反之，行业相关并购可以帮助主并公司扩大市场占有率，拓展生产线等，因而行业相关并购受到主并公司的青睐。此外，地域因素也是非常重要的一个考虑点。如果地域较为相近，则主并公司的信息搜寻成本会大大降低（李善民和周小春，2007；潘红波等，2008；方军雄，2008；潘红波和余明桂，2011）。

并购绩效的评价方法，目前主要有事件研究法、财务指标法、经理人员调查问卷法以及个案研究法（Bruner，2002），其中事件研究法和财务指标法使用较为广泛。特别是事件研究法（Event Studies Methodolog），鲍尔和布朗（Ball 和 Brown，1968）、法马等（Fama 等，1969）曾经分别使用该方法进行会计盈余报告的市场有用性研究和股票市场有效性研究，目前是国内外学者衡量并购绩效的主流方法。按照事件期的长短，事件研究法分为长期时间研究法和短期时间研究法，因此称为长期并购绩效和短期并购绩效。国内外学者首先关注的是短期并购绩效，国外学者开此研究之先河，国内学者在这方面开始研究得稍晚，并较多借鉴国外研究的方法。就研究内容而言，国外主要集中于讨论主并公司、目标公司以及两者兼并之后的联合企业这三者的并购绩效，得到并购为主并公司创造价值、损害主并公司价值和无影响，及并购为目标公司创造价值的结论，同时大部分学者得出并购双方绩效显著大于 0 的结论。但是我国学者主要关注主并公司和目标公司并购绩效，而对并购后整体绩效研究较少，得到了主并公司并购绩效显著为正、为负和不显著三个结论，目标公司在并购后都获得了正的累计超额收益。表 2 - 1 为国内外关于短期并购绩效的研究列表。

表 2-1　　短期并购绩效的国内外研究列表

研究主题	研究结果	文献
主并公司并购绩效	并购为主并公司创造价值	Dodd 和 Ruback, 1977; Kummer 和 Hoffineister, 1978; Jarrell 和 Bradley, 1980; Asquith 等, 1983; Loderer 和 Martin, 1990; Eckbo 和 Thorbun, 2000; 高见和陈歆玮, 2000; Kohers 和 Kohers, 2000; Leeth 和 Borg, 2000; 李善民和陈玉罡, 2002; 陈健等, 2005; 朱滔, 2006; Masulis 等, 2007; 宋希亮等, 2008; 唐建新和陈冬, 2010; 王江石等, 2011
	并购损害主并公司价值	Dodd, 1980; Varaiya 和 Ferris, 1987; Healy 等, 1992; Mitchell 和 Stafford, 2000; Walker, 2000; 张新, 2003; 张宗新和季雷, 2003; Delong, 2004; Houston 等, 2001; Fuller 等, 2002; Moeller 等, 2004; 李善民和朱滔, 2005; Wang 和 Xie, 2009; Cai 和 Sevilir, 2012; 田高良等, 2013
	并购对主并公司价值没有影响	Bradley, 1980; Lang 等, 1989; Morck 等, 1990; Franks 等, 1991; Mulherin 和 Boone, 2000; 余光和杨荣, 2000
目标公司并购绩效	并购增加目标公司股东财富	Dodd 和 Ruback, 1977; Jensen 和 Ruback, 1983; Jarrell 等, 1988; Healy 等, 1992; 余光和杨荣, 2000; Andrade 等, 2001; 高见和陈歆玮, 2000; Bruner, 2002; 张新, 2003; 宋希亮等, 2008; 舒博, 2008; 张学平, 2008; 徐丹丹和刘淑莲, 2010; Wu, 2011; 邱伟年和欧阳静波, 2011; 祝文峰和左晓慧, 2011; Ahern, 2012; Cai 和 Sevilir, 2012; Ishii 和 Xuan, 2014
并购双方整体并购绩效	并购绩效显著大于0	Firth, 1980; Kaplan 和 Weisbach, 1992; Houston 等, 2001; Moeller 等, 2004; Wang 和 Xie, 2009; Cai 和 Sevilir, 2012; 祝文峰和左晓慧, 2011; 田高良等, 2013

资料来源：根据文献整理。

但是随着研究的深入，学者们发现短期事件研究存在缺陷。随着时间延长，并购信息会更多反映在股价之中，因而大家又使用“长期事件”研究长期并购绩效，最常用的方法是使用购买并持有超常收益（BHAR）来衡量并购绩效。国外关于长期并购绩效的研究较为丰富，洛克伦和维杰（Loughran 和 Vijh，1997）研究发现，并购对价方式影响企业长期并购绩效。若使用现金对价，则绩效为正；反之，使用股票对价，则为负。格雷戈里（Gregory，1997）以两年为样本期间，研究得到主并公司的 BHAR 为负的结论。阿格拉瓦尔和贾菲（Agrawal 和 Jaffe，2000）发现，长期并购绩效依据并购类型产生变化。布鲁纳（Bruner，2002）则发现，长期并购绩效有随时间而递减的趋势。米勒等（Moeller 等，2004）发现，主并方长期并购绩效显著为负，且随着规模的扩大更为严重。国内学者也进行了长期并购绩效的研究，李善民和朱滔（2006）在格雷戈里（Gregory，1997）的基础之上，将样本期间放宽为 3 年，测量企业购买并持有股票的超常收益，得出长期并购绩效为负的结论；陈收等（2005）和朱滔（2006）进一步支持了他们的结论。陈仕华等（2013）采用李善民和朱滔（2006）的方法，进一步支持 BHAR 为负。而朱红军和汪辉（2005）的研究则得到相反结论。宋希亮等（2008）得到了短期并购绩效和长期并购绩效相反的结论，前者为正，后者为负。因此从整体上而言，我国长期并购并未对主并公司带来价值提升，而对目标公司来说则获益颇丰。

第二节　董事网络对企业并购影响的相关文献

一、董事网络对并购决策的影响

关于董事网络与并购决策的关系，国内外学者主要是从以下方面进行了探讨。董事网络使得信息贯通，将成功的行为模式在网络中迅速传播。豪恩希尔德（Haunschild，1993）使用Tobit模型发现，如果企业间存在连锁董事，则很容易互相模仿，特别是模仿执行并购决策。并购信息通过连锁董事在企业间传播，而处于董事网络中心位置的企业，获得的信息更多，连锁企业会模仿核心企业的并购对象选择等诸多并购特征。进一步地，豪恩希尔德和贝克曼（Haunschild 和 Beckman，1998）提出组织信息理论，董事网络间的信息可以影响企业战略与企业结构，并研究了替代信息来源对两者关系的影响。研究表明：多种信息来源的可替代性和互补性决定了连锁董事的作用，大部分可替代信息（除了商业新闻报道）降低了连锁董事的影响。此外，网络信息比非网络信息更具有影响力。戴维斯（Davis，1991）通过研究毒丸策略的影响因素来比较代理理论与连锁组织理论，研究表明董事联系会增加敌意买方的支付成本，如果网络内部的企业实施反收购的毒丸计划，则会迅速扩散到网络中的其他企业，纷纷效仿的可能性大大增加。斯特恩斯和艾伦（Stearns 和 Allan，1996）也进行了类似的研究，如果行业内的优秀企业获得成功，则会得到网络中其他企业的效仿，这些实证研究的结论与奥黑根和格林（O'Hagan 和 Green，2004）不谋而合。他证明美国和加拿大企业网络易于传播知识，并且传播程度和广度根据区域和行业有所不同。存在连锁关系的企业，不仅可以传递较为公开的信息，还能获取并购这一类较为隐秘的信息，特别是越处于中心的企业，获得资源的深度与广度越强。我国上市公司也被证明存在同群效应（苏诚，2017），同时并购战略受到相同省区并购企业比例的显著正向影响，并购规模则受到相同省区平均企业并购规模的显著正向影响。企业的董事网络中心度越高，则同群效应越不明显，而在中心度较低的企业中则较为明显。林等（Lin 等，2009）将中国企业与美国企业进行对比后认为，网络、学习和制度是三大并购驱动因素，并研究了这些因素的具体影响。公司是嵌入在网络关系中的学习者，网络和学习驱动了并购，并且受到制度因素的调节作用。由于存在市场机制的区别，网络和学习因素对企业并购的影响在发展中国家（中国）和发达国家（美国）具有显著的区别。

董事网络具有传递信息和资源的功能，可以降低信息不对称。如冈珀斯和宣（Gompers 和 Xuan，2008）研究非上市风险投资公司的并购特征，如并购对价方式、并购绩效和并购经营绩效，发现这一类公司的规模往往比较大，托宾 Q 值更高，在并购交易中更倾向使用股票对价方式。短期并购绩效往往较差，但是长期并购绩效与经营绩效往往较好，说明网络联系能够显著降低信息不对称。埃瑟里奇（Etheridge，2010）以澳大利亚企业为例，研究认为如果想要获得更成功的并购、更低的溢价、更少的竞争者等目标，则主并公司和目标公司的联系更加紧密，目标公司会更倾向于赞成并购决策，并购成功的概率越高。陈仕华等（2013）将董事的类型分为内部董事和外部董事，当主并公司在搜寻目标公司时，如果与该公司存在董事联结，则更可能成为目标公司，并且这个可能性会根据内部董事和并购双方所处地域不同这两个因素而增大。

网络能够帮助主并企业顺利进行并购（Renneboog 和 Zhao，2014；韩洁等，2014），避免目标公司被恶意收购。帕尔默等（Palmer 等，1986）证明银企联系会降低被并购的概率，改变被并购的方式。黄等（Huang 等，2014）发现，董事会中投资银行家具有较高的收购概率。此外，投资银行家董事的并购方获得较高的公告回报，支付较低的收购溢价和咨询费用，并具有优异的长期绩效。具有投资银行业务经验的董事们可以通过确定合适的目标公司和降低交易成本来帮助企业进行更好的收购。万良勇和胡璟（2014）认为，独立董事的网络联结有助于独立董事更好地为并购决策提供咨询建议服务，同时较差的正式制度环境会使两者的正向关系更显著；使用另一种独立董事联结方法即结构洞指标后，也得到同样的结论（万良勇和郑小玲，2014）。

二、董事网络对并购绩效的影响

董事是否能够发挥咨询功能，通过网络传递关于企业需要的并购信息，以获得更好的并购绩效？首先，根据学习效应，董事往往会从同行中学习谈判策略、并购前的准备工作和并购后的整合工作等专业问题，与客户、供应商等建立重要业务联系，同时获得其他竞争企业的行为信息，并及时了解目前国家监管制度变化及相关法律法规问题。其次，董事网络可以提供信息搜寻过程中需要的目标公司的大量信息，以便准确评估目标公司的价值，降低不确定性，更有效地识别实际目标企业，从而减少潜在的大量搜索成本（Bruner，2004）。如果并购方企业可以获得目标公司的关键信息（如财务状况、治理机制），以及对方管理层是否接受并购等，能预见并购协同效应，则能够更有效评估潜在的目标价值，并减少信息不对称和高管潜在的逆向选择行为。最后，并购活动也受到行业因素的影响（Harford，2005），特别是企业往往选择某一行业的专家作为独立董事，董事会网络可以提供重要的当期行业发展趋势信息、市场状况及其他核心市场数据，使企业在合并浪潮中做好准备和对自身进行准确定位。行业内的近期技术创新和并购事件等此类时效性较强的信息，也会通过董事传递给企业。

贝克曼和豪恩希尔德（Beckman 和 Haunschild，2002）认为，网络中同行经验有助于企业支付较少的并购溢价及获得更好的并购绩效。弗拉卡西（Fracassi，2008）研究发现，社会网络会削弱高管人员独立判断的能力，破坏企业的理性决策，妨碍公司治理和董事会监督，从而导致次优决策和质量较低的经济后果。施密特（Schmidt，2015）检验了董事—总经理的关系网络对并购绩效的影响。他发现，并购绩效与企业需求有关，如果监督需求较高，则回报率较低；反之，建议需求较低，则回报率较高。与总经理存在联系的董事人数越多，那么这种效应越强。而且澳大利亚的监管当局并没有对董事兼任职位数量做出明确限制。舍恩劳和辛格（Schonlau 和 Singh，2009）发现，董事越处于网络中心位置，并购后的买入持有收益越高，ROA 越高，可获得 7%—12% 的年度超额收益。同时，越处于网络中心位置的公司，越倾向采用现金支付。蔡和塞维利尔（Cai 和 Sevilir，2012）认为，从减少信息不对称视角，主并方和目标方的跨公司社会关系可以获得更好的并购绩效，并且由于并购双方存在此社会联系，在合并之后目标公司的高管和董事大部分都任职于主并公司。如果双方的网络联结程度较高，则主并方的高管人员更可能得到升职加薪的奖赏。

我国上市公司起步较晚，资本市场相对不健全，我国学者对董事网络影响并购的研究也相应开始得较晚，但是成果颇多，研究结论有所差异（魏乐等，2013；田高良等，2013）。以下选取部分代表性论文进行综述。陈仕华和卢昌崇（2013）关注了主并公司的并购溢价，得到以下结论：如果主并企业在之前并购时支付较多的溢价，则收购具有联结关系的企业时也会支付较多的溢价，且这种关系受到行业因素的影响。陈仕华等（2013）进一步研究了目标公司的选择和联结企业的并购绩效，这种联结关系也会影响企业并购决策的选择，同时短期并购绩效并不显著，而长期并购绩效较好，并受到联结关系类型、并购双方空间距离的影响。这种联结关系带来的显著为正的并购绩效并非立刻实现，而是需要等待一段时间。李善民等（2015）研究了创业板股东网络，表明信息资源并不代表信息优势，信息资源只有经过转化才能实现，并购进程中的各种不确定性会因此得到缓解，对并购决策和并购绩效都有正向效应。管理者在并购时是关键人物，过度自信的管理者会忽视信息优势的重要性，从而忽略信息的收集，最终可能会导致企业的损失。曹廷求等（2013）与大部分研究者的结论有所不同，他们认为董事网络与并购的关系并非单纯的为正或者为负，而是存在一个最优值，是一个“倒U”形关系。一开始，当董事网络位置处于中心时，并购财富增加，在达到所谓的最优值之后不再上升，而是开始下降。这对我们的现实意义在于，单纯改变网络中的位置，并不能获得财务最大化效应，而应找到这个最优点，获取最优质的信息。

尽管连锁董事的信息传递作用能缓解并购双方的信息不对称，降低并购交易成本，但双方的连锁董事关系会导致熟悉度偏差，使主并公司在尽职调查期间放松警惕，从而过高估计并购的协同效应，无形中造成巨大损失，因而最终会损害并购价值。如安等（Ahn 等，2010）认为，“繁忙的董事”需要控制在一定程度内，否则会因为太过于繁忙，而导致失去其应有的监督作用，降低企业的决策效率，减弱并购后的股东价值。石井和宣（Ishii 和 Xuan，2014）表明，并购方—被并方的社会关系导致了较差的决策和价值毁损：主并公司和目标公司的董事和高级管理人员之间的社会关系对并购方和合并后企业的收益具有显著的负向影响。此外，这也显著增加了目标公司 CEO 和一部分董事成员仍然在合并后企业董事会工作的可能性。并购方 CEO 由于完成并购而获得奖金和更高的薪酬，但是对并购方和合并后企业的股东造成巨大的价值损失，且交易很有可能由于绩效不佳而终止。同时，近年来大部分国外研究都开始从 CEO 角度探讨网络对于并购绩效的影响，认为 CEO 通常是以并购方股东的利益为代价，网络中心度较高的并购方 CEO 通过增加壕沟效应，追求更加频繁的并购（Chikh 和 Filbien, 2011），并且往往是价值毁损性并购（Fracassi 和 Tate，2012）。如埃尔—哈提卜等（El - Khatib 等，2015）以 CEO 的社会网络为视角，研究 CEO 网络中心度对并购的影响。如果网络中心度较高，CEO 会更加有效地收集和控制私人信息，便于执行价值创造的并购决策。CEO 的社会层级位置可以影响企业决策，高网络中心度的 CEO 利用自身的能力和影响力来增加壕沟效应并且获得私人利益。

第三节 董事经验对企业并购影响的相关文献

一、董事经验对并购决策的影响

组织学习理论提出，经验是组织获取、理解、传播、拓展和运用其经验的过程。相关学者很早就意识到了并购经验的重要性（Argyris 和 Schon，1978）。早期的研究经常把并购视为一种单独事件，而忽视了并购的经验学习过程。但是显然并购作为一项非常复杂的战略性决策，并购经验的学习是非常有必要的（Haspeslagh 和 Jemison，1991）。并购经验是通过正式或者非正式的组织间交易等互动行为，对自身的知识结构、行为规范和结构安排所作的调整，从而使企业在瞬息万变的资本市场环境中得到长期、有效发展（Huber，1991）。关于并购经验非常重要的一个观点是：过去的经历经过一系列转化成为经验，而经验则是企业在日常组织程序和惯例的行事规范中的标准。现有的组织程序是根据过去曾经发生的特定事件积累形成，而这一类的组织程序和惯例一旦形成，在企业内部形成一种张力，在潜意识中则会影响企业决策者的作用方向（Gulati，1995）。也就是说，如果企业的并购经验较为丰富，那么企业在日常生产经营过程中不断改进其管理程序，将改进后的并购专业知识运用于企业未来的战略决策中，会提高企业并购成功的概率，这一观点同时也得到了资源依赖理论的支持（Pfeffer 和 Salancik，1978），并被一系列学者陆续证实。里夫斯和韦斯伯格（Reeves 和 Weisberg，1994）发现，如果企业内部有过去的经验目录，那么当遇见相类似的问题时，企业决策者倾向于使用这一类经验目录（Gulati，1995；Mcdonald 等，2008；郭卫锋等，2015）。贝克曼和豪恩希尔德（Beckman 和 Haunschild，2002）也认为，这种“榜样目录”可以为主并公司当前的并购决策做出建设性贡献。艾耶尔和米勒（Iyer 和 Miller，2008）发现，丰富的并购经验增加企业后续进行并购的可能性。哈利布利安等（Haleblian 等，2006）关注到，企业以往并购的绩效反馈对当前并购决策有所影响，并购带来的一系列优异的连锁效应，如获得规模经济和范围经济、增强市场占有权及其他协同效应，最终会反馈在企业并购后的收益增加和价值增值中。如果并购后企业绩效大于原本的期望值水平，那么说明企业的并购决策获得了成功，企业会倾向于重复这一类收益高、风险小的行为，进一步强化并购知识与技能。

关于经验的来源，胡伯（Huber，1991）发现，企业并购经验可以来自内部传承，也可以来自外部模仿，已经有大量文献指出组织间存在模仿行为（陈运森和郑登津，2017）。本书将重点放在内部经验的积累与传承所形成的知识上。内部学习指的是企业通过对自身直接经验的总结和转化来实现。具体过程是，企业归纳总结并购事件，对之前的一些惯例进行修改，保留有用知识和经验，以便指导企业的未来决策（Zahra 和 George，2002）。当然企业也会倾向于学习组织外部的并购经验。特别地，豪恩希尔德（Haunschild，1993）、鲍曼和宣（Bouwman 和 Xuan，2010）发现，如果主并公司和目标公司存在联结关系，当对方企业曾经参与过某种类型的并购时，则焦点公司目前也开展类似并购活动，显然会学习联结企业的做法，做出类似的选择。哈利布利安等（Haleblian 等，2006）通过研究美国银行业，发现企业会根据自身已有的并购经验继续并购，特别是如果当初的并购为企业带来了价值创造和规模经济效应等，这种倾向更加明显。同时根据不同的并购类型，比如企业当时进行了横向并购，那么后续继续进行横向并购的可能性会更大，而进行纵向并购可能性非常小（Amburgey 和 Miner，1992）。也就是说，企业依赖于过去的并购经验行事。阿克塔斯等（Aktas 等，2011）发现，CEO 的经历会影响企业并购的学习，无论是否存在过度自信，他们都会从市场上进行学习与模仿，从而增加并购的概率。为此，有关学者提出了担忧，他们认为组织日常惯例作用很大时，企业习惯于重复过去的相似经历，而忽视了新领域的开发，甚至这种惯性导致过度自信。因此企业并购经验形成之后并非一直是静态的，而应该时刻关注企业内外部环境的各种变化，将并购经验视为企业的一种动态变化，时刻注意自身的变革和创新。如果董事通过参与企业的并购，可以“青出于蓝而胜于蓝”，即不仅进行机械的并购行为的学习，还需要提高自身的抽象并购知识组织能力，为自己企业制订有效的并购解决方案，以便做出合理的并购决策（Mcdonald 等，2008）。

可见，企业具有并购经验或者学习并购经验的过程，的确可以为决策者的并购决策制定提供参考。但是以上的分析都是基于企业角度，而非“人”的角度。基于内部信息渠道视角，董事具备并购经验如何帮助企业降低信息不对称，从而进行合理选择和估价，提高并购决策的质量，学者们还尚未进行深入探讨。

二、董事经验对并购绩效的影响

如前所述，一系列经验证据说明，过去的经验可以由经历转化而来，企业可以储存并将经验形成企业的组织程序或者惯例，在需要的时候调用该经验，因此经验学习在企业管理中具有非常重要的作用，使企业重复性经营活动减少，从而降低单位产品的成本。但是并购的学习效果并不是通过执行时间的长短来衡量，更重要的是关注并购后的企业绩效。目前研究关于并购经验与并购绩效的关系，主要得到三个结论：第一，两者正相关（Bruton等，1994；Hitt 等，2001），即并购经验有助于目前企业并购绩效的提升，这类观点背后的支持者是学习曲线模型，这一观点主要流行于20 世纪 80 年代至 90 年代末。第二，两者呈“U”形关系（Haleblian 和 Finkelstein，1999；Hayward，2002），这类观点的理论基础是行为学习理论，这一观点从 1999 年发展至今。第三，两者不相关（King 等，2004；Zollo 和 Singh，2004）。

鲁巴特肯（Lubatkin，1983）最早关注到并购经验的重要性，指出很多并购事后并未获得应有的协同效应，主要是因为并购后的整合管理问题没有解决。按照这个逻辑，如果说企业具备丰富的并购整合经验，那么可以更好地对整个并购过程进行管理，并购绩效得以提升。这个并购经验的获取和应用过程证明了并购中存在学习曲线，当学习时间越长，次数越多时，证明经验越充分，则会获得较高的生产效率和较低的成本。布鲁顿等（Bruton 等，1994）的研究表明，如果先前企业曾经陷入困境，则获取的并购经验对目前并购绩效会产生正向效应。希特等

（Hitt 等，2001）发现，并购经验有利于并购双方资产的组合，进而获取协同效应。阎大颖（2009）发现，并购经验有助于提升并购绩效，特别是在海外并购中尤为如此。杜晓君和刘赫（2010）认为，企业是一组异质性资源的集合体，并购是企业成长的重要方式，企业并购的过程正是获取并购资源的进程，有助于企业提高并购绩效。郭冰等（2011）发现，经验学习促进了企业并购能力的掌握，企业对并购流程中的各项管理程序越熟悉，则越容易发生并购，且这个可能性也受到以往绩效的影响。

学者们通过学习曲线研究并购经验与并购绩效之间的关系，认为传统的经验学习是通过在“干中学”中重复学习，使企业的并购行为惯例化，进而改善未来并购活动的绩效。并购经验可以帮助企业对目标公司进行全面了解，获取并购知识，对提升并购绩效很有帮助（Reger 和 Huff，1993；Lorsch 和 Maciver，1989）。巴克马等（Barkema 等，1996）从跨国并购角度也证实了跨国并购经验的重要性，弗尔梅伦和巴克马（Vermeulen 和 Barkema，2001）发现，并购经验对并购绩效的作用显著为正。佐洛和温特（Zollo 和 Winter，2002）认为，经验就类似于制造业的标准化操作，当并购经验非常丰富时，由于已经参与过多次并购，对并购的一系列事务会较为熟悉，明确每一个环节的要求和内容，如目标公司的定位和估值、尽职调查以及并购后的整合等，这些经验会在企业内部形成管理和规范，从而为未来绩效的提高提供帮助。具有目标公司行业经验的董事会成员可以更准确地评估企业未来的并购绩效，由于具有相关专业知识，他们能够意识到行业进入壁垒、替代品的威胁；以及供应商和客户的抵抗强度，同时行业知识也有助于揭示行业环境的关键要素，予以考虑最重要的管理领域。这些知识渊博的董事会成员将有望为企业的竞争力做出贡献。因此，董事会并购经验对主并公司来说非常有利。

但是，传统的“干中学”思路逐渐受到了学者们的质疑。哈利布利安和芬克尔斯坦（Haleblian 和 Finkelstein，1999）对于并购经验与并购绩效的正相关关系产生质疑，提出情境因素的影响：不同于以往的“干中学”思想，提出并购经验与并购绩效的“权变模型”。第一次从理论上明确指出“经验并不都是好的，有可能是坏的”，从而把并购经验与并购绩效的关系提升到了一个新的理论高度。“权变模型”认为质量的重要性大于次数，企业的并购经验次数并非能天然地形成所谓的“经验”，只有在经历了刻意学习之后才能获取经验。并购经验可能对并购绩效起到正向作用，也可能是负向影响，其作用主要取决于：一是此次并购与以往并购是否相似；二是企业运用何种并购策略，包括一般化策略和差别化策略。其中错误的一般化也称“经验转移负效应”，指的是企业只有在掌握了丰富的并购经验，成为并购专家之后，才能明确识别本次并购与之前并购的差异，从而避免犯错，因此哈利布利安和芬克尔斯坦（Haleblian 和 Finkelstein，1999）得到了并购经验与并购绩效存在“U”形关系的结论。同时也关注到企业的情境因素，在限定并购类型的情况下，如果当前企业并购的目标公司与以往并购的目标企业越相似，并购绩效更好。此外，芬克尔斯坦和哈利布利安（Finkelstein 和 Haleblian，2002）研究发现，如果企业连续并购，那么由于错误的一般化效应，很可能第二次的并购绩效反而比第一次差；如果两次并购属于同一个行业，那么这种绩效差距会缩小。

进一步地，海沃德（Hayward，2002）提出“并购潜力”的重要性，此潜力甚至能决定企业并购的成败。他认为单纯探讨并购经验学习次数并没有意义，企业应当重视并购经验的质量而非单纯的数量。他通过实证研究发现并购经验的性质、对以往并购绩效的评价和并购间隔与并购绩效是“U”形关系，并且符合不同的特征如学习对象（并购相似性）、学习心态（挫折的影响）、学习时间（适宜的并购间隔期），可以产生不同的学习效果。具体来说，如果目前并购与以前的并购相似，但是并非完全相同时，企业能学到并购的通用技能与专用技能；企业更愿意在小挫折的情境中学习；此次并购与上一次并购的时间间隔适宜时（最佳间隔期为 220 天），企业才有充足的时间进行学习。海沃德（Hayward，2002）的研究开此先河，相关学者也发现先前并购质量较好时可以避免价值毁损型并购，董事会并购经验对协同效应的积极影响也主要归功于先前价值创造型的并购经验。同时经历丰富的董事会可能有助于目标整合，当选择具有更高要素生产率的目标公司时，在很大程度上取决于过往参与并购的质量（Field 和 Mkrtchyan，2017）。

综上所述，企业从实践中取得经验，并形成组织的知识来源，是组织学习的主要途径。通过总结经验，企业可以获取丰富的经验，如并购目标的选择和谈判、尽职调查以及并购后的整合等，而这些经验的总结过程正是企业重要成员“董事会”的学习过程，因而当董事再次需要此类知识时，可以迅速调用以往的知识经验。但是目前的研究重点依然是以企业角度来探讨组织学习过程和企业并购经验，而非企业决策者角度来进行研究。就国内文献而言，吴建祖和陈丽玲（2017）研究表明，高管团队并购经验越丰富，海外并购绩效越好。本书拟从企业决策者即“董事会”角度来开展董事并购经验与并购的关系研究，同时不同于以往的单纯经验次数研究，而是从并购经验质量优劣角度进行探讨。

第四节 文献评述

本书依次对企业并购、董事网络位置与企业并购，以及董事经验对企业并购的影响这三个方面的国内外文献逐一进行了回顾与梳理，这为本书研究提供了坚实的文献基础和理论支撑，并且从以往文献的回顾过程中可以发现本书所需要深入拓展的研究内容，从而找到本书的落脚点。

首先，本书对企业并购的相关文献进行了回顾，与本书研究范围一致，主要从并购决策和并购绩效两方面进行梳理和评述。在回顾了相关文献之后，本书发现，目前关于并购决策的研究主要从主并公司角度展开，并且已经取得了一定程度的研究成果。国外研究相对比较成熟，国内研究稍显薄弱。从研究方法来看，关于并购绩效主要采用的是事件研究法，并且我国学者大部分研究都致力于主并公司角度，较少从目标公司角度考虑问题，主并方和目标方的联合绩效研究更为缺乏。因此，本书根据国内外学者并购的相关文献，从主并公司角度出发，对企业进行宏观定位，从整体信息角度对并购进行研究。

其次，本书对董事网络与企业并购的相关文献进行了回顾。公司既存在着外部董事构建而成的网络，还存在着内部董事网络、股东网络、高管网络、员工网络及几个网络之间的交叉联系等。本书主要研究基于董事在董事会同时任职的直接或间接联结关系而形成的董事网络，着重对董事网络与并购行为这一主题进行详细梳理，并且重点关注了并购决策与并购绩效这两个方面。董事网络与并购决策的关系，国内外学者主要是从以下方面进行了探讨：一方面，董事网络使信息贯通，企业之间的模仿行为得以实现，把成功的行为模式在网络中迅速传播；另一方面，董事网络具有传递信息和资源的功能，可以降低信息不对称。网络能够帮助主并企业顺利进行并购，避免目标公司被恶意收购。

关于董事网络与并购绩效的研究，结论并不统一。一些学者认为，董事能够发挥咨询功能，通过网络传递关于企业需要的并购信息，以获得更好的并购绩效。但相当一部分学者也发现，并购双方的连锁董事关系会导致熟悉度偏差，降低并购公司对目标公司的调查标准，从而过高估计并购的协同效应，同时也放弃了其他更好的机会，因而最终会损害并购价值。总体上来说，西方发达国家对于董事网络的相关研究起步较早，我国起步较晚，我国特殊的社会制度背景决定了无法照搬国外董事网络研究的结论和方法。在我国资本市场正式信息渠道不是很完善的背景之下，信息不对称是并购摩擦的最重要原因，而董事由于兼任形成的关系网络是企业间重要的非正式关系机制，为企业并购信息流通扩展了渠道，缓解了外部信息不对称问题，有效降低并购公司的信息调查和搜寻成本，提高目标公司接受并购要约的概率，对目标公司进行较为准确的估价，提高了并购双方资源要素整合的效果。综上所述，本书拟从外部信息传递渠道入手，基于我国特殊制度背景，研究董事网络位置对企业并购的影响，以及如何使企业有效利用自身网络位置在并购过程中发挥重要作用，将是值得细致、深入研究的重要内容。

最后，本书综述了董事经验对企业并购的影响，也是从并购决策和并购绩效两个角度展开。通过对这一类文献的梳理我们可以发现，国外学者们已经开始关注并购经验对企业并购的影响。他们的研究大都发生在发达的西方，他们的资本市场相对比较完善和有效，同时市场化程度较高，制度环境也和中国有很大不同，而国内学者对上述问题的研究还较少。具体来说，企业并购时通过“榜样目录”行事，即如果企业内部有过去的经验目录，那么当遇见相类似的问题时，企业决策者倾向于使用这一类经验目录，解决问题时会使用类比推理的办法来进行。但是有关学者提出了担忧：如果企业习惯于重复过去的相似经历，则会忽视新领域的开发。企业应该时刻关注企业内外部环境的各种变化，将并购经验视为企业的一种动态变化，时刻注意自身的变革和创新。同时根据经验的来源，可以将并购经验分为内部传承经验和外部模仿经验，本书主要关注的是内部经验的积累与传承所组成的并购知识。

目前，关于并购经验与并购绩效关系的研究，主要是呈现正相关和“U”形关系两种结论，背后的理论依据分别是学习曲线理论与行为学习理论。学者们在经历一段时间的传统的“干中学”经验学习之后，进入并购经验与并购绩效的“权变模型”，指出并购经验质量的重要性远远大于并购经验次数，且只有刻意学习后才能形成并购能力和整合能力。在以上的基础上，本书与前人研究不同的是，之前的研究认为网络传递并购经验这一类特殊信息，本书不否认此类观点的准确性，但是本书更倾向于根据信息不对称理论，将企业在并购时所需的并购信息分为两类，即外部信息和内部信息，企业可以通过网络获得外部信息，将从外部获得的经验纳入网络信息研究范畴，而自身并购经验这一类特殊的信息主要是内部人员特别是董事的积累获得。进一步地，之前的文献对并购经验的研究都注重于组织角度即企业的立场来进行探讨，但是本书认为应当将“经验”这一层面的研究回归到“人”的角度，因为总结和转化经验的是个人即董事或者高管，并且随着董事和高管的升迁调动等，这些“经验”会迁移至别的企业。同时在研究并购绩效时，不同于以往的单纯经验次数研究，本书从并购经验质量优劣角度对并购绩效的影响进行深入探讨。

综上所述，本书拟从外部信息渠道角度探讨董事网络位置对并购行为的影响，从内部信息来源角度研究董事经验对并购的作用，最后将网络位置与董事经验进行交互，研究两种信息机制是否对并购具有互补效应。

第三章　理论基础

本章是理论基础。首先，阐述并购协同效应的经济动因和信息不对称理论；其次，重点介绍社会网络理论和组织学习理论；最后，综合分析网络位置、董事经验与企业并购的逻辑思路，为全书的实证研究奠定理论基础。

第一节　企业并购动因及理论基础

并购作为企业的一项战略性活动，出于何种动机发动并购，众多学者从许多角度出发进行深入分析，产生了丰硕的成果。从目前主流观点来看，主要有过度自信动因、协同效应动因、市场势力动因和委托代理动因。本书认为，并购主要是出于协同效应动因。

一、企业并购动因

并购协同效应（Weston 等，2001），又称为“效率理论”，指的是企业并购交易后企业整体价值大于合并前各企业价值之和。协同理论为并购协同效应动因提供了坚实的理论基础。并购协同效应动因的支持者认为，企业进行并购的最主要目的是获取并购后的协同效益。比如，目前存在甲、乙两家公司，甲公司为主并企业，乙公司为目标公司，在两家企业并购之前资源分别存在于各自的经济实体之中，生产要素实行自我分配，资源呈现各自使用的状态。资源分散带来一个非常严重的问题：由于规模的限制，无法达到企业的最佳规模状态，进而也无法实现企业效益最大化。同时，单独的企业很容易出现结构不均衡，资源匹配度差等种种问题，可能甲企业资源太多，而乙企业却面临资源短缺的困境，无论是哪种情况，都无法达到“帕累托”最优状态。如果将两个企业进行合并，企业间的合并相当于资源的重新组合，那么很容易达到“规模经济”效应，即1+1>2。并购的规模经济效应指的是，企业通过并购，以获取更多的经济资源，不仅可以降低产品生产成本，还能提高企业的经营效率，进而提高企业产品的市场竞争力，最后提高企业的产业竞争力。

当然，除了规模经济的因素之外，企业并购协同效应更可能来自管理协同效应、财务协同效应与经营协同效应（Weston等，2001）。早在1965年，安索夫（Ansoff）就在其《企业战略》一书中详细提出了管理协同效应的概念，“公司管理领域的协同就是，通过定位自身能力与机遇的匹配关系来顺利地开拓公司新事业与新项目，而协同效应则是在新事业与新项目之后，公司整体的效益大于各独立组成部分效益之和的效应”。管理协同效应主要针对企业管理活动的效率而言，因而又称“差别效率理论”。如果合并前两个企业的效率有所差别，则在合并完成之后，较低效率企业的管理效率有所提高，这就获得了管理协同效应。该协同效应产生的根源是由于效率较高的企业管理能力有所“过剩”时（行业和企业专属管理资源的不可分性），可以并购其他管理能力较差但是资产状况良好的企业，不仅可以合理利用本企业的良好管理能力，也有利于目标企业管理效率的提升，从而实现共赢的局面。

财务协同效应。根据投资组合理论，如果企业将所有投资放置于某一个项目，则企业面临着较为严重的风险，而在多样化投资渠道之后，则企业的边际资本成本会降低，从而实现财务协同效应。具体来说，并购为企业带来的财务协同效应主要是指以下三方面（Trautwein，1990）：第一，企业风险分为系统风险与非系统风险，系统风险不能通过资产组合进行消除，但并购是企业最重要的资源配置方式和投资行为，因此企业可以通过并购实现企业投资多样化，进而消除企业的非系统性风险。第二，并购之后企业的负债能力会大于并购之前单个企业的负债能力之和，因此有助于降低企业投资所得税，获得节税收益。具体而言，由于并购企业双方在税法上存在纳税、会计处理和证券交易等规定的差异，因此企业可以进行合理避税，利用目标公司的税收优惠政策或者亏损的税收抵扣，进而实现税收方面的节约。第三，并购扩大了企业规模，并且可以节约外部筹资成本和交易费用，同时也能提高企业信用等级、降低债务风险。通过并购，企业可以使用较低成本的资金，同时优化“现金”资源配置，将市场份额高但成长性相对较差的部门产出的现金投入市场份额低但成长性较好的部门，从而实现市场份额的最优配置目标。查特吉（Chatterjee，1986）认为，主并企业并购存在三种协同效应，即运营效用性、财务协同性和合谋协同性，并且认为财务协同性比生产协同性能创造更多的价值；同时提出，对目标企业而言，如果说通过并购可以获得协同效应，那么这个并购也是值得的，否则就不应该被接受。布拉德利等（Bradley 等，1988）也证实了并购中存在协同效应，并购后企业与并购之前相比，价值增加 7.4%。

经营协同效应，指的是并购给企业生产经营活动带来效率的提高，进而增加企业效益的过程。按并购前企业间的市场关系，可以分为横向并购、纵向并购和混合并购，因而经营协同效应具体体现在以下两个方面：一方面，针对横向并购而言，由于处于同一行业，合并后的企业往往会在某一个生产经营环节获取规模经济效应（Pratten，1971）。获取横向并购规模经济效应的原理是，由于生产成本分为固定成本和变动成本，企业生产规模一旦扩大，则单位固定成本会随之下降，带来收益率的提高。另一方面，纵向并购的规模经济一体化。纵向并购往往是指在生产经营业务处于上下游关系的企业间并购活动，又可以分为向前并购和向后并购。也就是说，目标公司一般为主并公司提供其所需的材料或者零部件（向前并购），或者是产品的买主（向后并购），通过纵向并购，可以减少产品流通环节，形成协作化生产；同时也大大提高了营销效率和营销手段，减少了各种营销费用（Arrow，1975；Klein 等，1978）。

二、信息不对称理论

信息不对称理论是由乔治·阿克尔洛夫（G. A. Akerlof）、迈克尔·斯彭斯（A. M. Spence）和约瑟夫·斯蒂格列茨（J. E. Stiglitz）这三位经济学家共同提出的。阿克尔洛夫主要关注的是旧货市场的商品交易问题，他的《柠檬市场：质量不确定和市场机制》一文，首次提出了“信息不对称”的概念。阿克尔洛夫关注到旧车市场，由于买卖双方信息掌握程度不同，卖方掌握的信息远远大于买方，信息不对称问题较为严重，最终使得二手车市场日渐式微，最后旧车市场的好车都退出竞争，全部充斥的是“垃圾车”。斯彭斯着重于研究劳动力市场，他在博士论文《劳动市场的信号》中提出“获得成本”概念，认为劳动力市场中存在着用人单位与应聘者之间的信息不对称情况，应聘者的精心包装往往使得用人单位良莠难辨。斯蒂格利茨则将着眼点放在保险市场，被保险人与保险公司的信息不对称，最后会使保险公司赔不胜赔。总之，三位经济学家殊途同归地提出了“信息不对称理论”：由于卖方相对于买方拥有更多的信息，买方完全靠卖方给予的信息判断并行事，显然信息较多的卖方会从信息较少的买方身上获取利益。

显然，对于同一种问题，在其他条件相同的情况下，某一个经济个体获取的信息可能会比另一个经济个体更全面，这显然是自身造成的，也就是说他本身原因造成的获取信息的偏误。当然信息不对称最主要的原因还是客观原因。随着经济发展，企业的社会化劳动分工和专业化，导致“隔行如隔山”，行业专业人士显然比非专业人士获取的信息会更多，信息不对称情况也会越来越严重。根据不对称信息的不同内容来划分，如果涉及的是某一方行动的不可知性，则称为“隐藏行动模型”；如果涉及的是某一方知识的不可知性，称为“隐藏信息模型”或“隐藏知识模型”；行动或者知识的可知方称为“代理人”，不可知方则为“委托人”。从发生的时间来看，不对称信息有可能发生在行为人互相交易之前，也可能发生在交易之后，前者称为“事前信息不对称”，后者则为“事后信息不对称”。事前信息不对称经常是逆向选择模型，主要原因是信息优势者倾向于隐藏不利于自己的信息，追求自身利益最大化，导致市场的资源配置出现扭曲，这种类型的信息不对称的解决办法是应当考虑如何降低信息的交易成本；而事后信息不对称则为道德风险问题，主要原因是信息优势者隐藏不利于对方的信息，应当考虑如何降低交易的激励成本。前者较后者来说更为严重，两种情况都损害了对方信息弱势者的利益，破坏市场运行效率。因此当信息不对称问题出现时，如何制定有效的契约来制约信息优势者损伤信息弱势者的行为就显得非常重要，帮助双方实现信息均衡，公平交易，维护市场的秩序。

对企业并购而言，信息不对称问题显然也比较严重。信息问题涉及并购的方方面面，既影响企业事前的并购选择问题，也影响企业并购后的价值创造问题。并购选择过程中主要面临的是事前不确定性问题。事前不确定性主要在于目标公司的不确定性，包括目标公司的选择与估值问题，导致交易成本的增加。并购方企业需要全面了解目标企业的现有情况，比如：目前在本行业中的发展状况与趋势，营销策略与组织，客户及分布情况，产品质量及创新能力，目前面临的诉讼案件，管理者能力和员工情况，管理层对于并购的意愿等。只有在全面了解以上情况之后，才能进行正确选择和准确估值。但是全面、细致的信息带来的是交易成本的增加，搜寻目标公司的信息大大增加了企业的交易费用（Davies, 2011），特别是对于非公开信息的收集，更是要付出高昂的代价（Bruner, 2004）。同时，如果并购方企业对目标公司调查过于详细或者调查手段选择不当，很可能引发目标公司的抵触情绪，使原本的并购计划落空（Hansen, 1987），而再一次进行搜寻和估值下一个目标公司，对企业来说更是雪上加霜。并购事后不确定性会影响企业的并购绩效。事后不确定性会导致并购整合成本的增加（Depamphilis, 2005）。企业需要面对并购后的业务战略转型、组织文化冲突、人力资源管理等种种问题，如果缺乏相应的了解，整合不成功，最终将导致主并企业无法完成并购价值创造，从而获得较差的并购绩效（Faccio 和 Masulis, 2005）。

以上一系列问题的出现，一方面要求我国政府监管部门要负起健全相关法律法规的责任；另一方面由于我国经济发展的特殊性，当正式信息渠道不完善时，非正式信息来源扮演着重要的角色，企业管理者被迫通过各种网络联结关系来获取信息、解释规制和完成交易（Peng 和 Luo，2000）；而董事兼任形成的网络关系则为企业并购提供了非常好的外部信息传递渠道（Pfeffer 和 Salancik，1978；Palmer，1986；Lorsch 和 Maclever，1989；Davis，1991；Haunschild，1993；卢昌崇和陈仕华，2009；曹廷求等，2013；陈仕华等，2013；李善民等，2015），董事经验成为企业最主要的内部信息来源（Lorsch 和 Maciver，1989；Reger 和 Huff，1993；Zollo 和 Winter，2002；Bouwman 和 Xuan，2010）。

第二节　社会网络相关理论

社会网络思想的萌芽始于涂尔干（Durkheim，1893）。虽然他并没有直接提出“社会网络”这个专业术语，但他研究了社会结构与社会关系，并在其开山之作《社会分工论》中明确提出一个观点，即人们的社会联系情况在不同的社会结构或形态中是不一样的。由于劳动分工，因而社会开始分化，在此过程中，人类的社会联系方式产生了微妙的变化，一开始是“机械团结”，后来则发展到了“有机团结”阶段。20 世纪30 年代，英国人类学家布朗（Brown，1940）继承了涂尔干（Durkheim，1893）的社会结构分析和功能主义观点，以相对非技术的形式首次提出了“社会网络”思想，并用以解释社会分配和社会支持，他认为社会研究并非单纯对人类心理的研究，而是应该将重点放在人与人之间的社会关系上。社会结构是指制度化的角色和关系中的人的配置，或社会关系的综合，即“由制度即社会上已经确立的行为规范或模式所规定或支配的关系汇总，人的不断配置组合”。布朗（Brown，1940）的“网络”概念仅仅是一个隐喻，用来形象说明社会关系结果，与后来社会网络分析学家在分析意义上使用的网络概念是有所区别的，但以此为先河，之后越来越多的人类学家和社会学家开始构建社会结构概念。从 20 世纪 70 年代初开始，该领域出现了大量的技术性和专业应用方面的文献，“社会网络”便由隐喻发展为具有精确含义的实质概念。劳曼等（Laumann 等，1977）分别从社会网络基础、构建动机、类型以及表现形式等角度给出了社会网络定义。他指出，网络研究要注重方法的应用，这对研究社会经济行为来说特别重要，他们的思想就是近年来经济社会学的一个重要趋向。网络有结构空洞、社会资源、资本、嵌入性、非正式经济等这些定义，但是每一种定义都是根据网络的某类特征提出的，虽然针对性地指出了网络的某一个方面，但是概念之间并未有所整合，缺乏整体性，无法形成一套完整的体系。张其仔（2001）提出，应该将各个网络概念进行有效整合，形成一些基本的分析方法：一是分析网络本身；二是分析网络中流动的是什么。社会网络要素主要是由结构要素、资源要素、规则要素以及动态要素这四个部分组成。其中，网络分析的基石是结构要素，它指的是个体与个体之间联系的形式与强度；资源要素是指各种特性，如能力、知识、财产、性别以及宗教等的分布；规则要素是指影响行动者行为的各种规则；动态要素是指网络形成与变化的各种机会和限制。

总而言之，社会网络既包括人与人之间的个体联系，也包括组织与组织之间的联系，以及个人、企业、政府、其他各种组织之间相互复杂的联系，是一个有差别地拥有和分配资源的复杂网络系统。姚小涛和席酉民（2003）指出，社会网络可以形象地用一张网络图来表示，图中包括节点和连线，节点表示的是个体，连线意味着两者是否有关系。根据网络的组织形式，相应地学者是从个体层面、组织层面分别研究董事网络的构建动机和影响作用。目前关于董事网络研究理论，主要包括互惠理论、共谋理论、资源依赖理论、金融控制理论、管理控制理论以及阶层领导理论。根据卢昌崇等（2006）的研究，我国董事网络不完全支持互惠理论，支持资源依赖理论，部分支持金融控制理论和管理控制理论，本书研究的董事网络立足于资源依赖理论。

资源依赖理论（Pfeffer 和 Salancik，1978）是现有连锁董事理论中最有影响力、认同度最高的一个理论（Hillman 等，2009），认为组织存在于环境之中，组织进行的一系列活动都是对环境的反馈，都是为了其自身能适应于当前环境。资源依赖理论需要具备四个条件：每一个组织最关心的是自身的生存问题；组织为了生存，则需要相应的资源；资源并非可以通过自给自足生产得到；资源需要依赖自身所处的环境，与环境中的各种组织进行交换才能得到。也就是说，组织想要在某一个环境中生存下去，则必须具备获取自身所需资源的能力。根据以上假设，可以概括出资源依赖理论的三个主要观点。第一，组织生存于所处的社会环境，但依靠自身无法在环境中生存。组织只能依赖环境获取资源，如跟政府有关的政治性资源和财政资源、物质资源及其他信息资源等。对于并购而言，信息资源是并购成功的关键资源之一。第二，由于需要资源，那么如何与拥有资源的组织建立起联系是关键。组织为了获取资源需要与对方进行交流和联系，因而自身也会受到对方的影响，因为对方组织对于是否给予本组织以资源赋有“权力”。第三，依赖是相互的，不仅某组织对其他组织的资源具有依赖性，其他组织对该组织也同样存在资源需求，那么对组织而言要做的就是使自身权力最大化，对其他组织依赖最小化，其他组织对本企业依赖的最大化等，这就需要设计一系列的战略计划和行为，最后达到最佳依赖状态。

综上所述，资源依赖理论的关键在于解决如何减少组织自身的依赖性问题。就并购而言，由于兼任而产生的董事网络则是绝佳的信息资源解决之道。通过任命其他组织的人员作为本组织的董事会成员，企业之间互相利用资源、传递信息、协调关系，降低环境不确定性，大大提升自身的生产经营效率。如果企业自身无法获得资源，那么也可以采取积极建立董事网络的方式获取，因而融入关系网络非常有必要。如果企业资源丰富，那么掌握自身关键性资源，强化对方组织对本企业的依赖性才是王道。

第三节 组织学习理论

“组织学习”这一概念最早由阿吉里斯和舍恩（Argyris 和 Schon，1978）提出，他们认为组织学习就是对信息的归类整理分析，目的是优化组织活动。后来的学者们有的认为组织学习是为了提高组织行为能力，有的认为是先进知识的学习过程，有的也认为是社会化学习进程。1990 年，彼得圣吉在《第五项修炼——学习型组织的艺术与实务》一书中详细阐述了如果企业系统的每一个部门都努力学习并提高自身的学习能力，则这个企业很可能取得成功，这就是所谓的“学习型组织”。目前组织学习理论在企业中受到广泛应用，已经成为各个社会学科重要研究方法论之一。简单来说，组织学习是一个动态进程，需要经过“经历—推断—积累”三个阶段的迭代，企业经历有助于经验的积累，同时进行记忆储存，经过企业的一系列理解和加工，这一类经验就成为企业的知识，未来可以指导企业的决策（Levitt 和 March，1988），是未来问题的知识来源（Huber，1991）。当然学习的能力会受到经验重复次数、事件发生类似程度等影响（Vermeulen 和 Barkema，2001）。胡伯（Huber，1991）认为，企业获得知识的途径有两种，既可以来自自身经验的传承，也可以模仿别的企业或者组织的活动进而学习。企业知识最主要的来源应当是内部式的组织学习，通过企业重复经历，总结和吸收自身经验，从过去的经历中进行学习，并且进行记忆的储存，以便为未来解决类似事件提供素材（Zahra 和 George，2002）。因此内部学习并非一次两次，而是需经历不断迭代和重复的。当组织缺乏经验时，那么只能通过与其他组织的接触中进行学习，称为“组织间学习”，本书主要关注的是内部式组织学习，将从其他组织学到的信息纳入网络研究中。

一系列研究已经证实，企业可以通过合资企业、战略联盟、行业协会和协调委员会等，学习生产经营、技术研发、市场拓展、并购重组以及多元化等方面的战略决策相关知识（Liebeskind 等，1996；Powell，1996；Martin 等，1998；Hitt 等，2000；Zollo 等，2002）。本书研究关注的是并购这一类企业战略性决策的组织学习问题。组织间的并购经验学习主要有两种：“干中学”和“专门学习”。早期的学者认为企业过去参与并购次数越多，则更容易形成习惯路径，使得之后再次进行并购时有理可据。哈利布利安等（Haleblian 等，2006）是这个观点的支持者，并提出“并购重复势头”一词。“专门学习”指的是企业并非机械地重复，而是对并购的一系列完整过程进行有意识学习，使企业具备真正的并购能力（Vermeulen 和 Barkema，2001）。而佐洛和辛格（Zollo 和 Singh，2004）则关注并购后整合问题，认为整合经验知识会形成较强的并购能力。组织学习需要满足以下假设：首先，组织需要具备一种能力，一方面要能够从组织的内外部连续不断地接受知识；另一方面要求其能够吸收转化为自己的知识，并且能够提炼出新知识。其次，组织学习必须具有长久提升自我能力的作用。最后，组织学习的最终目的是提高组织绩效。也就是说，组织学习要持续不断地获取知识，并且在此过程中使用各种可行的办法，最终提升组织整体的能力和竞争力，使组织绩效得到改善。

在现代企业的制度框架中，董事会是公司治理结构的枢纽，根据委托代理理论，董事会处于委托代理路径中的中心环节，负有双重身份，既是代理人也是委托人。对于股东大会来说，董事会是企业战略决策的代理人；对于高管人员来说，直接实施决策的是企业高管人员，从这个角度来看，董事会是委托人。企业的董事会治理非常重要，这是董事会的治理属性。而董事会的战略属性指的是董事会在战略资源获取和战略决策制定等关键环节中所起到的重要作用。董事会是企业战略决策的制定者，并且聘任和监督执行战略决策的高管人员，并对高管提供咨询和建议功能，贯穿整个战略过程。德姆和纽鲍尔（Demb 和 Neubauer，1992）的研究结果表明，75%的董事认为董事会最重要功能是战略决策，1993 年和 1995 年，Conference Board 分别对美国企业和英国企业进行调查，发现董事会 25%的时间是用于讨论战略问题，并且超过 50%的董事认为最重要的任务是进行战略方案选择。董事会作为企业最高战略决策机关，必须履行相应的战略职能，确保对公司的战略性指导和企业决策的科学性。可以说，董事会对战略过程的参与涵盖了从战略判断、战略计划与预算再到战略执行的全过程。可见，董事会兼具治理属性和战略属性。

由于董事会具备治理属性和战略属性，是并购等重大战略决策的制定者，所以企业学习知识和具备经验的过程其实就是董事的学习过程，组织学习理论同样可以应用于董事学习过程。相应地，如果董事具备丰富的并购经验，根据前期目录，掌握相应的并购专业知识和并购过程管理经验，那么企业的并购案例有章可循，有例可循。因而董事具备信息筛选能力（Mcdonald 等，2008），有助于目前的企业做出合理的并购决策（Reeves 和 Weisberg，1994）。也就是说，董事如果遇到与之前已经解决的类似问题，可以直接通过类比推理的方法，找到合适的解决方案。同时，如果董事并购经验较为丰富，则能提高本企业对并购过程的管理能力，这类能力对并购成败也有非常重要的影响（Haspeslagh 和 Jemison，1991；Kogut 和 Zander，1992）。在中国并购市场资源不尽完善的背景下，董事经验为信息不对称问题提供了很好的解决方案，拓宽了企业内部的信息渠道。

第四节　网络位置、董事经验与企业并购的逻辑分析

根据信息不对称理论，本书站在董事会角度研究董事会获取的并购信息是否对企业并购这一战略性政策产生影响。首先，根据企业间董事兼任这一现象，从董事网络入手，从外部信息渠道角度考察不同的网络位置对并购有何影响；其次，关注到董事经验这一特殊的企业内部信息，从内部信息渠道角度探究董事经验如何作用于企业并购行为；最后，立足于内部信息和外部信息，研究董事网络位置和董事经验双重信息渠道对并购的交互影响，两者对并购是否存在替代效应或互补效应？同时，本书的逻辑分析主要基于并购决策与并购绩效，具体来说分为以下三个层次进行。

第一，本书认为，企业进行并购的主要原因是为了获得并购协同效应，即实现并购后经济实体的价值大于并购前各自企业价值之和的愿望，获得经营协同效应、财务协同效应与管理协同效应，实现资源的最佳配置。根据资源依赖理论，并购过程中的信

息资源对决策者来说举足轻重，但是由于信息不对称，董事会经常难以为继，为此，“董事网络”这一现象打破了僵局。董事在各个企业兼任进而形成网络结构，扩展了企业的外部信息渠道，而在并购整个进程中，如目标公司的选择和估值、并购后期整合，员工和管理层的情绪等，董事会需要大量的信息。由于董事兼任数目的差异，每一位董事在网络内部的位置并不等同，兼任越多说明相应的网络位置越高，含有的信息量更大，信息质量更优。综上所述，本书第一个要解决的问题是，从并购行为发生到经济后果这一过程来看，董事网络位置不同对企业并购决策造成何种影响？董事网络又会如何影响企业并购绩效？当企业信息环境较差时，董事网络作为一种非正式信息传播渠道，对并购决策和并购绩效又会产生什么样的影响？由此，通过研究董事网络对企业并购的影响，本书构建出第一层次的经验证据。

第二，并购作为一项专业性的战略决策，是基于董事会成员的价值观和认知。但是由于董事会也是局部理性，因此在制定决策时不可能顾及方方面面，董事总是根据自己目前所具备的认知去选择项目，而所谓的认知基础和价值观是基于董事会的知识、经验的产物，也就是说并购需要董事会具备专业的知识背景和丰富的从业经验。根据组织学习理论，董事并购经验是从曾经的并购经历中获得的，因此董事的并购经历受到企业的青睐，是重要的并购经验来源（Harford 和 Schonlau，2013）。那么董事先前的并购经验是否能使现有企业出现更多与实施并购战略决策相关的管理程序，这是否也会增加现有企业做出下一个并购决策的可能性？进一步地，董事过去并购经验的质量有好有坏，既可能给企业带来的是价值创造，也可能给企业带来的是价值毁损，因此研究经验质量对并购事后绩效的影响时，不可混为一谈。有些学者认为，只有董事并购经验质量较优时才能为企业带来良好的并购绩效（Field 和 Mkrtchyan，2017），但是有些学者却认为企业更容易从失败中吸取教训。那么到底董事过去的并购经验质量对目前企业的并购绩效会产生何种效应？同样，如果以上存在影响，那么在不同的约束条件下，即面对不同程度信息不对称（不同的信息环境）时，是否会改变以上关系？由此，通过董事经验对并购的影响研究，构建出本书第二层次的经验证据。

在第一层次中，董事基于网络位置获取的信息是基于外部信息这个角度来阐述的，而第二层次的董事并购经验这一类特殊信息是基于内部信息这个角度展开的。但由于信息来源具有交叉性，对企业而言，单纯依靠内部信息来源或者外部信息渠道都是不够的，外部信息通过网络传递，内部信息通过经验转化而成，两者汇集到企业后需要董事会进行甄别。即企业获取外部信息之后需要有经验的董事对其进行吸收和消化，而董事经验这一类内部信息也需要外部信息的补充与完善。那么对于企业而言，外部信息和内部信息相结合，网络位置与董事经验对并购决策会起到何种交互效应？是替代效应还是互补效应？同理，根据资源互补的观点，对企业而言，如果能够实现资源互补，则绩效更优，这就是所谓的“交互效应”。交互集合能够创造竞争优势，并促成更高的绩效。信息往往是互补性的，基于各部分的系统协同，其比单一信息资源产生更大的绩效。互补信息资源即内部信息和外部信息的集合，对于企业并购决策具有协同效应，交互不仅能够带来价值增加，而且能够创造新价值。网络位置与董事经验质量的交互对并购绩效又会产生何种影响？由此，通过网络位置与董事经验对并购的交互影响研究，构建出本书第三层次的经验证据。根据以上三个方面的逻辑分析，本书将逻辑分析的整体思路整理如图 3 - 1 所示。

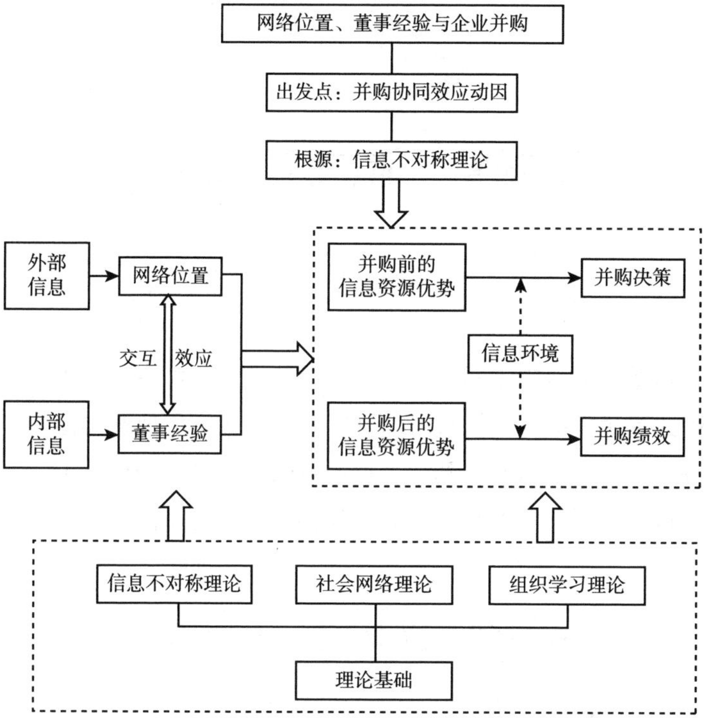

图 3-1　本书的逻辑分析图

第四章　制度背景分析

本章主要着眼于制度背景分析。首先，分析我国上市公司董事网络演进特征，分别从时间维度、行业维度、地域维度和产权特征这四个方面展开；其次，追溯我国并购发展历程；最后，初步从四个维度对我国企业并购事件特征进行描述性统计分析。

第一节　董事网络特征分析

蒙克斯和米诺（Monks 和 Minow，2001）指出："任何一家公司的优势——也就是生存，依赖于两股性质截然不同的力量，即公司所有者与经营者力量的权衡。公司依靠股东获得资本，同时也需要维持公司日常运作的管理层，董事会把提供资本的股东和使用这些资本创造价值的经理人连接起来。"董事会指的是由股东代表大会根据法律程序和公司章程任命的代表股东监督经理人的公司常设机构。董事会成员即为董事，除了 CEO（首席执行官）等执行董事外，董事会通常还包括独立董事等非执行董事。我国目前推行的董事会组织模式是过去几十年来不断探索的结果，在经历了董事会双层组织模式的基本构建阶段之后，目前正处于董事会发展的第二阶段，即我国上市公司独立董事制度的建立和完善阶段。

在此制度背景下，本节从时间维度、行业维度、地域维度和产权特征这四个方面展开，初步对我国企业董事网络特征进行描述性统计分析。董事网络研究区间为2004—2016年，相关数据均来自国泰安数据服务中心（CSMAR），董事会成员兼任信息主要来自上市公司人物特征数据库和治理结构数据库，董事个人简历信息主要通过巨潮资讯网站和新浪财经网站进行比对。“网络中心度”指标计算采用社会网络数据分析软件Pajek。

一、时间特征

本书将2004—2016年我国沪深A股上市公司董事会成员兼任信息和董事总人数进行整理后得到表4-1，同时也计算了样本企业中存在董事兼任的公司数目和不兼任的公司数目，及其与所有样本公司的占比，如表4-2所示，并且用图形的直观方式展现出来，如图4-1所示。根据表4-1可以发现，2004—2016年，沪深两市A股上市公司董事会成员总人数与董事兼任比例都呈现逐年上涨趋势。其中，2004年存在兼任的董事人员为928名，占当年董事总人数的8.52%，之后除了偶有年度，如2005年和2015年小有回落之外，其他年度都呈稳步上涨，至2016年底，共有董事25477名，其中在其他企业兼任的董事为3236名，董事兼任比例达到样本期间最大值，为12.70%。

表4-1 2004—2016年我国上市公司董事网络年度分布表

年份	存在兼任的董事人数	董事总人数	董事兼任占比（%）
2004	928	10888	8.52
2005	908	10786	8.42
2006	974	11353	8.58
2007	1118	12152	9.20

续表

年份	存在兼任的董事人数	董事总人数	董事兼任占比（%）
2008	1269	12873	9.86
2009	1364	13874	9.83
2010	1677	16455	10.19
2011	1978	18547	10.66
2012	2216	19985	11.09
2013	2422	20809	11.64
2014	2725	22332	12.20
2015	2778	23377	11.88
2016	3236	25477	12.70

资料来源：根据国泰安数据库整理。

表 4-2　2004—2016 年我国上市公司董事网络基本情况

年份	公司数目（家）	兼任公司数（家）	兼任公司占比（%）	不兼任公司数（家）	不兼任公司占比（%）
2004	1234	569	46.11	665	53.89
2005	1246	569	45.67	677	54.33
2006	1324	607	45.85	717	54.15
2007	1433	686	47.87	747	52.13
2008	1486	733	49.33	753	50.67
2009	1631	796	48.80	835	51.20
2010	1977	985	49.82	992	50.18
2011	2206	1150	52.13	1056	47.87
2012	2335	1258	53.88	1077	46.12
2013	2380	1358	57.06	1022	42.94
2014	2495	1471	58.96	1024	41.04
2015	2686	1589	59.16	1097	40.84
2016	2968	1765	59.47	1203	40.53

资料来源：根据国泰安数据库整理。

同时结合表4－2与图4－1可知，2004—2016年，我国沪深A股上市公司兼任数目和兼任比重都呈逐年上涨趋势，2004年公司数目为1234家，存在董事兼任情况的公司数目为569家，占比46.11%。2016年上市公司数目为2968家，兼任公司数为1765家，比例为59.47%。说明到2016年为止，我国沪深A股上市公司存在董事兼任的企业已经超过一半。

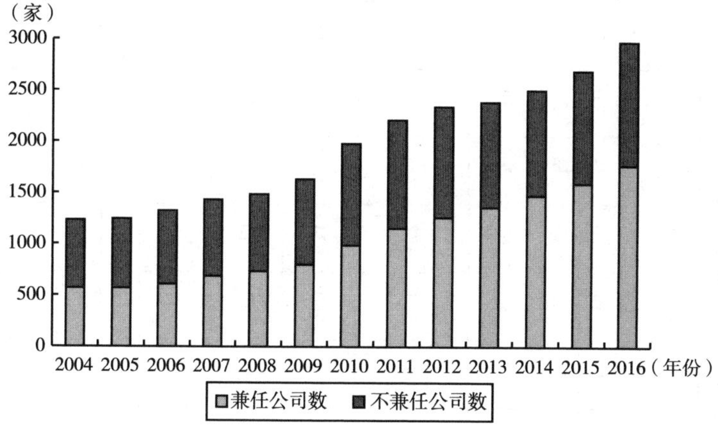

图4－1　2004—2016年我国上市公司董事兼任占比趋势分析

二、行业特征

本章的行业划分是根据2012年度中国证监会修订的《上市公司分类指引》，除了制造业采用二级代码分类外，其他行业均采用一级代码，对2004—2016年沪深A股上市公司董事兼任情况进行行业特征分析，具体情况如表4－3所示。另外，本章计算2004—2016年各行业存在兼任的公司总数与所有样本企业兼任合计数的占据比例，制作条形图如图4－2所示，其中横坐标为各行业存在兼任的公司数目占所有样本公司的数量比例。

表 4－3　2004—2016 年我国上市公司董事兼任的行业特征分析

单位：家

行业	名称	年份													合计
		2004	2005	2006	2007	2008	2009	2010	2011	2012	2013	2014	2015	2016	
A	农林牧渔业	13	13	14	9	13	14	20	24	20	22	19	21	21	223
B	采矿业	5	6	9	15	21	21	33	32	35	36	43	40	48	344
C1	食品饮料、纺织、服装、皮毛	51	51	44	50	52	57	62	70	79	88	103	100	110	917
C2	木材、家具、造纸、印刷、石油、化学、塑胶、医药、文教	104	102	114	126	130	133	172	213	226	239	269	285	313	2426
C3	金属、非金属、设备、电子、机械	180	170	184	218	227	260	334	407	468	504	532	585	632	4701
C4	仪表、回收加工、修理、其他制造业	9	8	10	15	16	11	16	18	12	18	23	27	30	213
D	电力、热力、燃气及水生产和供应业	31	31	31	31	31	39	40	45	45	51	58	62	67	562
E	建筑业	9	13	14	16	20	21	21	25	35	37	44	53	55	363
F	批发和零售业	51	47	54	52	56	55	65	66	89	95	97	91	100	918
G	交通运输、仓储和邮政业	29	29	29	35	37	40	46	47	55	52	49	61	64	573

续表

行业	名称	年份													合计
		2004	2005	2006	2007	2008	2009	2010	2011	2012	2013	2014	2015	2016	
H	住宿和餐饮业	2	3	4	4	3	4	4	4	5	6	5	7	4	55
I	信息传输、软件和信息技术服务业	18	20	20	23	32	44	53	61	59	76	84	91	135	716
K	房地产业	25	28	30	40	47	46	56	68	72	71	65	69	67	684
L	租赁和商务服务业	5	6	10	10	7	7	11	12	13	14	18	19	26	158
M	科学研究和技术服务业	0	0	0	2	2	6	3	3	3	8	13	15	22	77
N	水利、环境和公共设施管理业	7	7	8	9	7	3	3	2	10	9	15	18	19	117
O	居民服务、修理和其他服务业	3	2	1	3	4	3	4	6	0	0	0	0	0	26
P	教育	0	0	0	0	0	0	0	0	1	1	1	1	2	6
Q	卫生和社会工作	0	0	0	0	1	1	1	2	2	2	2	4	4	19
R	文化、体育和娱乐业	1	1	1	1	3	5	8	12	15	18	17	23	28	133
S	综合	26	32	30	27	24	26	33	33	14	11	14	17	18	305
合计		569	569	607	686	733	796	985	1150	1258	1358	1471	1589	1765	13536

资料来源：根据国泰安数据库整理。

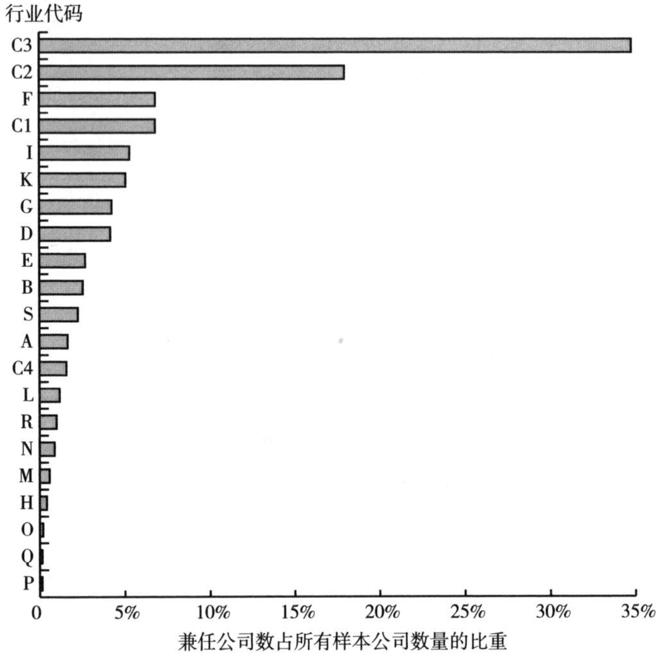

图4-2　2004—2016年我国上市公司董事兼任占比行业趋势分析

由表4-3可知，行业间董事兼任的变化趋势是一致的。从每个行业总量来看，占据前五位的分别是C3（金属、非金属、设备、电子、机械）、C2（木材、家具、造纸、印刷、石油、化学、塑胶、医药、文教）、F（建筑业）、C1（食品饮料、纺织、服装、皮毛）和I（信息传输、软件和信息技术服务业），分别占据所有兼任公司数目的34.73%、17.92%、6.78%、6.77%和5.29%。特别是C3类和C2类，占据总体样本的一半，排在最后三位的是O（居民服务、修理和其他服务业）、Q（卫生和社会工作）和P（教育），仅为0.19%，0.14%和0.04%。占据前五位行业的董事兼任较多的重要原因是企业数目占总样本的69.64%，而O（居民服务、修理和其他服务业）、Q（卫生和社会工作）和 P（教育）这些非核心领域，由于本身企业数量少（占比 0.37%），因而董事兼任也少。

三、地域特征

根据上市公司经营所在地，本书还分析了 2004—2016 年样本公司的地域趋势特征，如表 4－4 与图 4－3 所示。从表 4－4 中可以看到，排名前五位的是广东省、浙江省、江苏省、北京市和上海市，广东省占据绝对第一的优势，其他四个省市平分秋色，这些省市都处于珠江三角洲和长江三角洲经济最为突出的地区，不仅本身企业数量较多，而且由于地理优势与政策利好，企业间交流相对频繁，因而企业间董事的兼任也较多。

表 4－4　2004—2016 年我国上市公司董事兼任的地域特征分析

单位：家

年份	2004	2005	2006	2007	2008	2009	2010	2011	2012	2013	2014	2015	2016	合计
上海	70	68	72	74	83	83	93	104	114	112	136	133	161	1303
云南	7	8	10	12	11	11	15	14	13	14	12	15	16	158
内蒙古	7	7	7	8	7	7	8	10	10	10	14	12	14	121
北京	48	49	52	52	65	76	88	103	110	134	154	160	162	1253
吉林	12	8	8	9	12	10	11	15	17	20	19	21	18	180
四川	24	20	18	18	30	34	37	40	45	45	46	54	55	466
天津	12	12	11	20	16	19	21	25	21	25	29	29	30	270
宁夏	4	2	3	4	3	3	4	5	6	6	5	5	4	54
安徽	18	19	19	26	26	29	33	33	38	44	52	53	56	446
山东	26	28	35	37	38	45	60	70	71	81	72	84	94	741
山西	9	10	12	13	16	15	17	14	17	19	19	21	24	206
广东	60	63	66	72	83	99	140	168	186	199	211	237	270	1854
广西	6	6	6	6	8	7	12	16	16	15	18	22	25	163
新疆	9	8	13	15	12	10	17	19	21	21	21	26	32	224
江苏	36	40	46	56	51	53	73	98	116	123	150	160	184	1186
江西	11	10	10	14	14	13	15	16	17	19	17	22	25	203

续表

年份	2004	2005	2006	2007	2008	2009	2010	2011	2012	2013	2014	2015	2016	合计
河北	9	10	11	12	15	7	17	21	21	25	27	34	32	241
河南	12	12	12	13	11	22	30	32	37	40	38	37	41	337
浙江	45	44	52	63	73	81	100	115	129	143	151	169	197	1362
海南	7	5	6	4	7	8	11	8	10	12	13	13	13	117
湖北	33	33	30	36	30	36	40	44	51	48	50	51	50	532
湖南	17	18	20	18	16	18	24	32	32	31	33	35	41	335
甘肃	4	7	6	10	8	10	12	15	14	16	16	13	15	146
福建	17	19	20	26	25	32	35	40	44	52	51	56	68	485
西藏	6	3	4	5	3	3	2	5	6	4	5	5	9	60
贵州	5	6	5	4	6	6	8	10	10	10	11	11	10	102
辽宁	19	17	17	21	21	18	20	26	29	32	31	42	46	339
重庆	12	15	11	12	11	12	11	15	17	17	20	23	24	200
陕西	11	8	11	9	12	13	13	15	17	18	25	22	20	194
青海	2	2	3	4	5	5	5	5	6	7	8	7	9	68
黑龙江	11	12	11	13	15	11	13	17	17	16	17	17	20	190
合计	569	569	607	686	733	796	985	1150	1258	1358	1471	1589	1765	13536

资料来源：根据国泰安数据库整理。

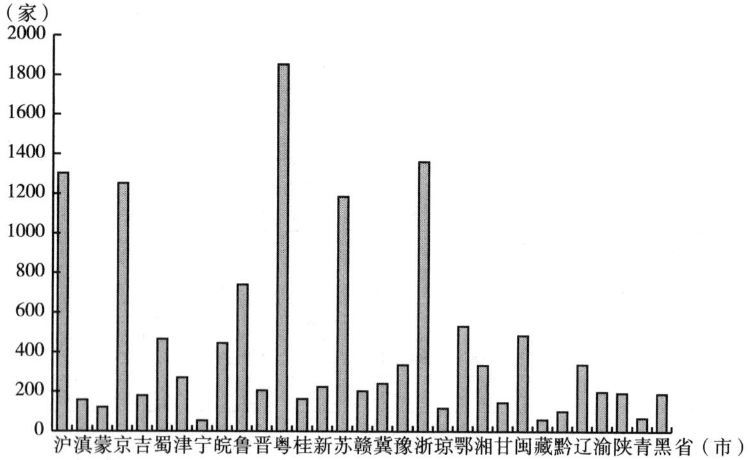

图 4－3　2004—2016 年我国上市公司董事兼任的地域特征分析

四、产权性质

本书根据上市公司最终控制人是否为国有的属性，对上市公司产权进行界定，分别统计央企、地方国企和非国企的并购事件数（央企指的是实际控制人为国资委和中央国企的样本企业，地方国企的控制人是地方国有企业和政府机关，其他样本公司则为非国企），同时也列示了不同产权性质上市公司董事兼任占比的趋势变动情况。表4－5是根据央企、地方国企和非国企的不同产权性质，统计出2004—2016年上市公司董事兼任情况；同时图4－4为不同产权性质上市公司董事兼任占比的趋势变动情况。根据表4－5和图4－4可知，2004年，存在董事兼任的地方国企数目占比为54.13%，非国企仅为141家，占比24.78%。说明此时国企占据绝对主导地位，但是之后非国企一直处于逐年上涨趋势，并且在2010年和国有企业基本持平，2011年反超国有企业，此后到2016年为止，非国企上市公司的董事兼任都远多于国企上市公司。

表4－5　2004—2016年我国上市公司董事兼任的产权特征分析

年份	央企（家）	占比（%）	地方国企（家）	占比（%）	非国企（家）	占比（%）	合计（家）
2004	120	21.09	308	54.13	141	24.78	569
2005	120	21.09	294	51.67	155	27.24	569
2006	127	20.92	292	48.11	188	30.97	607
2007	131	19.10	323	47.08	232	33.82	686
2008	158	21.56	313	42.70	262	35.74	733
2009	163	20.48	332	41.71	301	37.81	796
2010	180	18.27	351	35.63	454	46.09	985
2011	188	16.35	368	32.00	594	51.65	1150

续表

年份	央企（家）	占比（%）	地方国企（家）	占比（%）	非国企（家）	占比（%）	合计（家）
2012	189	15.02	372	29.57	697	55.41	1258
2013	205	15.10	384	28.28	769	56.63	1358
2014	200	13.60	406	27.60	865	58.80	1471
2015	208	13.09	396	24.92	985	61.99	1589
2016	224	12.69	399	22.61	1142	64.70	1765
合计	2213	16.35	4538	33.53	6785	50.13	13536

资料来源：根据国泰安数据库整理。

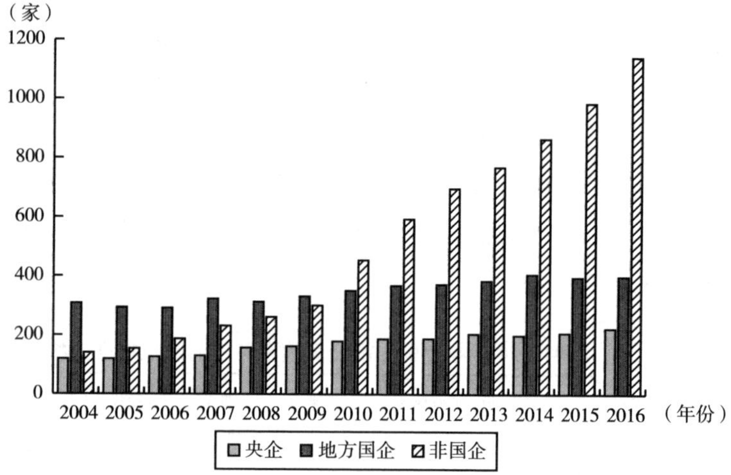

图 4－4　2004—2016 年我国上市公司董事兼任的产权特征趋势分析

第二节　我国上市公司并购发展历程

我国企业并购历程始于 1984 年。随着我国资本市场的不断发展壮大，并购交易金额和规模都出现较大幅度的增长，并且根据资本市场的不同发展阶段，并购活动也相应地分为不同演进历程。

第一阶段：启蒙和探索阶段（1984—1991 年）。

随着国家经济体制改革浪潮的推进，处于计划经济背景之下的并购主体主要为国有企业，在政府指导下进行并购。并购主要是政府的政策导向行为，这个阶段的并购处于启蒙和探索周期，并非真正的并购即企业战略导致，也没有民营企业的参与。这个阶段的并购方式主要是承担债务式、出资购买式和无偿划转式。虽然不少并购也在一定程度上为企业优化资源配置提供相应支持，但是由于都是国有企业的并购，因此并购时并没有考虑企业的真正需要，也并非真正意义上的经济行为，仅仅是政策引导，出现了很多“拉郎配”现象，大量并购活动结果是失败的。

第二阶段：起步和发展阶段（1992—1999 年）。

该阶段始于邓小平同志 1992 年的南方谈话，我国真正意义上的经济体制改革也从此时开始。在跨入 20 世纪之后，沪市、深市两个交易所相继成立，资本市场得到迅速发展，上市公司的数量和交易量都大幅度增加。1993 年“宝延风波”是我国第一起针对上市公司的并购案，之后上市公司的并购数量大大增加。伴随着经济体制的改革，与第一阶段不同的是，民营企业逐步崛起，积极参与国企改革，同时并购活动也促使私营企业的规模和数量逐步壮大，民营企业同非上市国有企业、上市公司一起在并购舞台上逐步平分秋色。

第三阶段：规范发展阶段（2000 年至今）。

本阶段并购的主要特征是并购行为市场化、并购手段证券化和并购范围国际化。具体来说，自从我国加入 WTO 之后，并购规模急速扩大，国民经济更是获得了较高速度的发展，本阶段最为突出的是市场对并购的参与力度加大。但这一时期，并购法律法规的欠缺，上市公司在并购过程中出现了不少“暗箱操作”的投机主义行为，导致这个阶段的并购产生重大风险并引起监管部门重视，分别于2001年初发布四项独立审计准则，2001年12月发布《关于上市公司重大购买、出售、置换资产若干问题的通知》，2002年12月实行《上市公司收购管理办法》和《上市公司股东持股变动信息披露管理办法》，这一系列法律法规都为我国资本市场的规范和资源配置提供支持。我国上市公司并购浪潮再次兴起，特别是以股权分置改革为分界点，我国资本市场终于实现了真实的供求关系定价机制，净化了我国上市公司并购市场环境。其中，2006年《上市公司收购管理办法》规定，允许现金、证券等多种支付方式，不再单一采取并购支付方式，这为上市公司实施并购交易提供了便利。本阶段中，企业的微观主体地位也越来越明确，政府对并购的影响从具体微观向宏观管理转化，企业从自身战略发展需求出发进行并购活动，并购成为当代企业发展壮大不可缺少的主旋律。

第三节　并购事件特征分析

本节从时间、地域、行业和产权性质四个方面初步对我国企业并购事件特征进行描述性统计分析，由于从2004年开始我国上市公司并购交易的信息披露数据才相对完整，因此选取的并购事件时间区间为2004—2016年，数据来源于国泰安（CSMAR）数据库的上市公司并购重组研究数据库、上市公司人物特征数据库和治理结构数据库。对并购事件的筛选标准如下：（1）根据数据的可获得性，选择主并方（并购方）为上市公司的样本企业，剔除非上市公司样本；（2）选取并购交易成功的并购事件；（3）如果同一家上市公司在同一年宣告两笔或者两笔以上针对同一家目标公司的并购交易，则合并为一例并购事件；（4）剔除 ST 类和终止上市的公司；（5）剔除金融行业；（6）选择上市公司的狭义并购行为，包括资产并购、股权转让和吸收合并等，剔除广义形式的并购活动；（7）如果某个指标存在缺失值，则通过年报予以补充；如年报中也无法查找到，则剔除该样本。

一、时间特征

本书将 2004—2016 年我国沪深两市 A 股上市公司样本企业数和并购事件的基本数据结果整理后列示于表 4 -6。根据表 4 -6 可知，2004 年，我国沪深两市上市公司总数为 1234 家，其中执行并购决策的企业为 484 家，占比为 39.22%，并购事件数为 604 例，并且并购事件数在 2007 年有一个较大的上涨幅度，较 2006 年同比上涨一倍之多。主要原因是，2007 年我国股市正值牛市，大量企业涌入资本市场，资本市场呈现一种热情高涨的状态，因此带动企业并购活动也相应地较为频繁。2008 年，出现全球经济危机，并购市场开始冷却，2010 年之后并购事件数有所回落，但 2011 年又开始进入稳步上涨阶段。2015 年是并购交易的“井喷之年”，并购次数高达 6338 例。到 2016 年底，共有上市公司数 2968 家，其中进行并购的企业样本为 2069 家，并购企业占据企业总数的 69.71%，并购事件数为 5166 例。总之，在 2004—2016 年这一样本期间，沪深 A 股上市公司无论是并购企业数还是并购事件数，都有较大幅度的提高。2016 年相较于 2004 年，同比并购企业数增长 3 倍，并购事件数增长高达 7 倍。从交易金额来看，2004 年为 901 亿元，平均交易规模为 1.491 亿元。2016 年为 17795 亿元，平均交易规模为 3.445 亿元。也就是说，12 年间，我国上市公司的并购交易金额增长近 18 倍之多，涨幅之高令人惊叹。

表 4 -6　　2004—2016 年我国上市公司并购交易年度分布表

年份	公司数目（家）	并购企业（家）	并购企业占比（%）	并购事件（例）	交易金额（亿元）	平均交易规模（亿元）
2004	1234	484	39.22	604	901	1.491
2005	1246	476	38.20	604	606	1.003
2006	1324	557	42.07	807	1154	1.430
2007	1433	842	58.76	1727	3579	2.072
2008	1486	971	65.34	1788	3619	2.024
2009	1631	1008	61.80	2170	4929	2.272
2010	1977	1083	54.78	1911	4276	2.238
2011	2206	1262	57.21	2069	3349	1.619
2012	2335	1361	58.29	2323	4055	1.746
2013	2380	1505	63.24	2957	7112	2.405
2014	2495	1619	64.89	3310	7867	2.377
2015	2686	2140	79.67	6338	23436	3.698
2016	2968	2069	69.71	5166	17795	3.445

资料来源：根据国泰安数据库整理。

同时为了直观地表现我国上市公司并购事件发展趋势的时间特征，本书用条形图的方法标示如图 4 -5 所示。根据图 4 -5 发现，我国上市公司并购事件持续上升，其中并购交易金额分别在 2007 年、2009 年、2013 年和 2015 年达到极大值，虽然 2009 年受到全球金融危机的波动，但并购事件相较于 2008 年依然持续增加，直到 2010 年才有所回落，2015 年无论是并购事件数还是交易金额都达到样本期间的最大值，并购已然成为我国企业做大做强的重要手段。

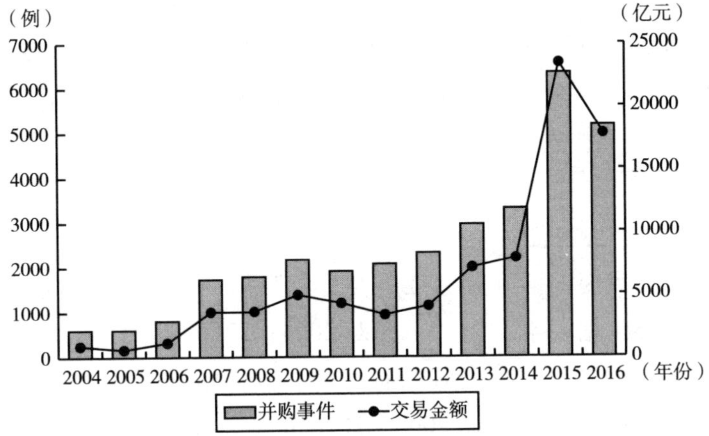

图 4-5　2004—2016 年我国上市公司并购事件趋势分析图

与以上并购发展趋势相对应的是，我国关于并购的各项政策法规的不断建立与健全，为我国并购重组提供了强有力的法律保障和政策支持。《证券法》是并购重组法律体系的基础与核心，《公司法》对并购重组中的吸收合并、分拆上市、定向增发、缩股等进行规范。在以上两部法律的基础上，一系列法规得以颁布。如我国于 2008 年 12 月 8 日发布《国务院办公厅关于当前金融促进经济发展的若干意见》；2009 年 4 月 30 日，财政部和国家税务总局联合发布《关于企业重组业务企业所得税处理若干问题的通知》；2010 年 7 月 26 日，国家税务总局发布《企业重组业务企业所得税管理办法》。以上文件的颁布主要是为企业兼并重组解决所涉及的税务问题，为并购重组业务的发展扫除税收方面的障碍。2010 年 9 月 6 日，国务院印发《国务院关于促进企业兼并重组的意见》，主要就重要行业的兼并重组做出了相应规定，并制定了一系列的具体措施，进一步扫除并购重组路上的“绊脚石”。2014 年 10 月 23 日，《上市公司重大资产重组管理办法》由中国证券监督管理委员会发布实施，这意味着我国并购市场得以更加规范与成熟。这也可以从我国并购实践中得以发现：2015 年的“井喷之年”过后，2016 年并购市场逐渐“消肿”和“退烧”，走上更加理性的发展轨道。

二、行业特征

下面我们根据行业标准分类进行数据的描述性统计分析，行业分类依据同本章第一节，对 2004—2016 年沪深 A 股上市公司的并购事件进行行业特征分析，具体情况见表 4 – 7。此外，本书还进一步计算 2004—2016 年各行业并购事件总数占据所有样本企业的并购事件合计数的比例，如图 4 – 6 所示，其中横坐标为各行业并购事件所占所有样本公司并购事件的数量比例。

根据表 4 – 7 和图 4 – 6 可以发现，在 2004—2016 年这一样本区间内，各个行业并购事件发展趋势基本保持一致。从每个行业并购总量来看，占据前五位的分别是 C1（食品饮料、纺织、服装、皮毛）、C2（木材、家具、造纸、印刷、石油、化学、塑胶、医药、文教）、I（信息传输、软件和信息技术服务业）、C3（金属、非金属、设备、电子、机械）和 K（房地产业），分别占据所有并购总量的 6.40%、18.80%、6.15%、35.26% 和 6.57%。显然制造业是当仁不让的并购最频繁地带。排在最后三位的是 Q（卫生和社会工作）、O（居民服务、修理和其他服务业）和 P（教育），仅分别为 0.30%，0.14% 和 0.03%。之所以会产生以上的情况，最主要原因是制造业是国民经济的重要支柱，关乎到国计民生，对提升一国的核心竞争力来说至关重要，是我国实现“中国梦”的重要源泉；制造业企业数占据所有样本企业的大多数也是毋庸置疑的重要原因之一。而房地产业目前

表 4-7　　2004—2016 年我国上市公司并购事件各年度行业特征分析　　单位：家

行业	名称	年份													合计
		2004	2005	2006	2007	2008	2009	2010	2011	2012	2013	2014	2015	2016	
A	农、林、牧、渔业	10	16	9	39	37	23	19	40	45	39	55	83	61	476
B	采矿业	10	5	7	20	70	76	43	49	68	62	84	130	82	706
C1	食品饮料、纺织、服装、皮毛	49	45	74	145	118	144	125	123	128	173	191	379	340	2034
C2	木材、家具、造纸、印刷、石油、化学、塑胶、医药、文教	108	127	140	327	365	483	414	374	439	535	637	1144	880	5973
C3	金属、非金属、设备、电子、机械	163	170	249	503	533	604	571	757	805	1090	1314	2463	1980	11202
C4	仪表、回收加工、修理、其他制造业	15	11	15	56	46	60	48	41	35	62	68	159	133	749
D	电力、热力、燃气及水生产和供应业	32	33	55	67	69	96	68	83	60	88	84	160	136	1031
E	建筑业	12	15	18	42	47	66	46	43	68	53	53	179	191	833
F	批发和零售业	59	55	69	110	119	134	111	135	189	199	176	289	205	1850
G	交通运输、仓储和邮政业	25	26	26	51	55	72	53	50	63	63	64	166	99	813

续表

行业	名称	年份													合计
		2004	2005	2006	2007	2008	2009	2010	2011	2012	2013	2014	2015	2016	
H	住宿和餐饮业	0	3	7	9	8	11	9	5	2	9	11	20	13	107
I	信息传输、软件和信息技术服务业	23	15	32	63	63	85	105	116	126	198	219	477	431	1953
K	房地产业	38	32	43	151	117	145	175	152	155	234	215	341	289	2087
L	租赁和商务服务业	10	7	9	35	24	32	14	17	19	29	25	79	84	384
M	科学研究和技术服务业	0	0	0	0	0	3	6	5	19	32	29	37	41	172
N	水利、环境和公共设施管理业	7	8	6	16	25	20	9	12	48	30	36	71	60	348
O	居民服务、修理和其他服务业	5	2	4	3	9	7	7	8	0	0	0	0	0	45
P	教育	0	0	0	0	0	0	0	0	1	1	1	3	5	11
Q	卫生和社会工作	0	0	0	2	4	3	6	3	8	5	4	30	30	95
R	文化、体育和娱乐业	1	2	0	2	5	4	12	14	26	39	24	73	74	276
S	综合	37	32	44	86	74	102	70	42	19	16	20	55	32	629
合计		604	604	807	1727	1788	2170	1911	2069	2323	2957	3310	6338	5166	31774

资料来源：根据国泰安数据库整理。

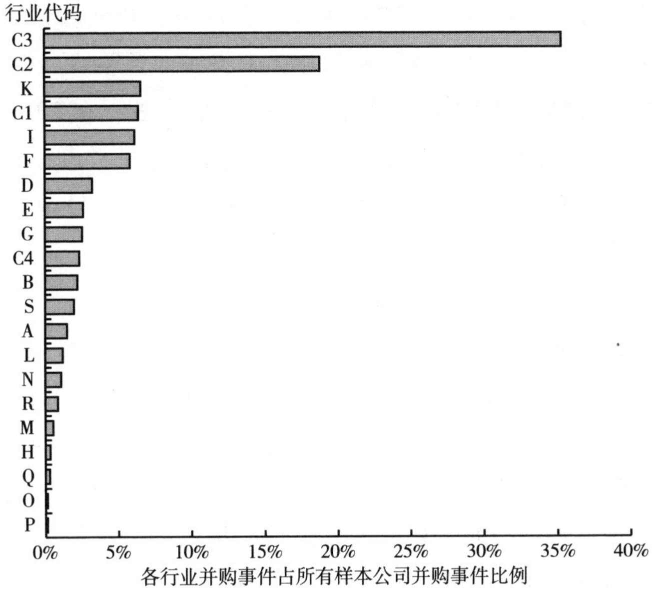

图 4-6　2004—2016 年我国上市公司行业并购占比趋势分析

被同行称为“不是在并购，就是在并购的路上”，这一状况是开发商想获取更多的市场份额和更多的储备性土地，最终得到更高程度的规模经济所导致。因此，随着楼市调控的深入，2007 年以来，特别是 2010 年实施“房产新政”之后，越来越多的房企在并购的道路上疾驰，并购事件日益多发。信息传输、软件和信息技术服务业是我国信息技术与现代服务高度融合的新兴产业，在近年来我国经济发展速度放缓的压力之下，该行业也进入了不断整合阶段。显然，董事网络情况结合上市公司的并购情况，可以发现，样本期间内董事兼任多的公司正是并购的高发地带。也就是说企业兼任的董事越多，则并购越频繁：初步可以得出董事网络位置与企业并购决策之间存在正相关关系的结论。

而Q（卫生和社会工作）、O（居民服务、修理和其他服务业）和P（教育）这些非核心领域，本身企业数量少，仅为95家，也是并购次数少的重要原因。特别是教育业，在2011年之前从未有过并购活动，之后几年也很少发生频繁的并购；与教育业类似的是O（居民服务、修理和其他服务业），2011年之后再也没发生过并购。

三、地域特征

根据上市公司经营所在地，本书对2004—2016年发生并购的上市公司进行地域特征分析，见表4-8。根据表4-8的数据统计结果，本书还进一步绘制了图4-7，直观地描述并购企业的地域特征分布。根据国家统计图提供的分类标准，我国大陆区域整体上可以划分为三大经济地区（地带）。东部地区包括京、津、冀、辽、沪、苏、浙、闽、鲁、粤和琼，中部地区包括晋、蒙、吉、黑、皖、赣、豫、鄂和湘，西部地区为渝、川、黔、云、藏、陕、甘、宁、青和新。据此，本书按照东部、中部和西部三个区域提供了相应的并购事件特征分析饼图，如图4-8所示。

表4-8　2004—2016年我国上市公司并购事件各年度地域特征分析

单位：家

年份	2004	2005	2006	2007	2008	2009	2010	2011	2012	2013	2014	2015	2016	合计
上海	69	74	77	134	127	160	126	126	148	199	226	455	359	2280
云南	9	12	10	33	21	32	22	30	38	31	26	83	56	403
内蒙古	5	10	6	16	14	26	20	16	21	28	32	50	35	279
北京	56	45	54	121	133	153	163	189	225	278	298	589	495	2799
吉林	13	3	19	55	36	46	56	25	31	29	29	70	48	460
四川	20	30	32	67	79	86	53	74	68	72	84	218	148	1031

续表

年份	2004	2005	2006	2007	2008	2009	2010	2011	2012	2013	2014	2015	2016	合计
天津	12	12	12	44	38	48	24	32	32	42	47	100	58	501
宁夏	5	7	7	11	8	22	10	12	13	5	13	16	10	139
安徽	20	22	18	57	64	70	72	71	85	107	102	217	158	1063
山东	26	30	38	73	100	89	110	95	152	164	219	378	294	1768
山西	7	9	8	28	38	30	33	35	28	23	33	51	53	376
广东	62	61	79	225	219	295	268	338	360	553	603	1104	895	5062
广西	17	12	9	13	27	32	18	21	23	32	35	71	58	368
新疆	8	15	16	45	28	39	33	34	33	19	35	59	49	413
江苏	47	40	65	119	137	150	134	170	217	279	329	651	656	2994
江西	13	14	14	32	30	26	48	34	34	35	37	80	57	454
河北	14	13	16	35	53	76	66	39	41	66	70	117	82	688
河南	16	17	23	56	44	85	36	44	53	71	94	135	123	797
浙江	44	54	81	167	154	196	198	248	251	347	361	722	597	3420
海南	4	8	20	26	27	34	19	25	33	30	34	65	45	370
湖北	19	20	61	63	79	84	76	93	99	105	114	187	155	1155
湖南	18	18	26	45	53	44	59	51	60	72	80	134	171	831
甘肃	12	5	18	22	31	27	16	29	21	27	36	64	59	367
福建	18	18	19	46	49	84	69	71	83	121	153	217	194	1142
西藏	5	3	5	16	10	18	10	13	9	13	13	15	16	146
贵州	2	3	9	24	28	26	20	16	16	29	20	57	20	270
辽宁	23	20	20	47	53	36	50	48	53	54	68	141	100	713
重庆	13	11	13	38	28	37	32	23	45	42	45	110	64	501
陕西	8	7	13	25	30	52	28	21	29	36	39	113	63	464
青海	3	4	3	18	29	41	15	17	9	18	9	21	16	203
黑龙江	16	7	16	26	21	26	27	29	13	30	26	48	32	317
合计	604	604	807	1727	1788	2170	1911	2069	2323	2957	3310	6338	5166	31774

资料来源：根据国泰安数据库整理。

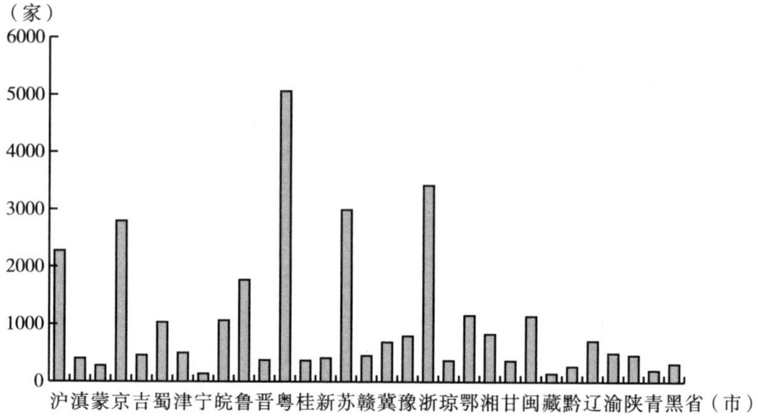

图 4－7　2004—2016 年我国上市公司并购事件地域特征分析 1

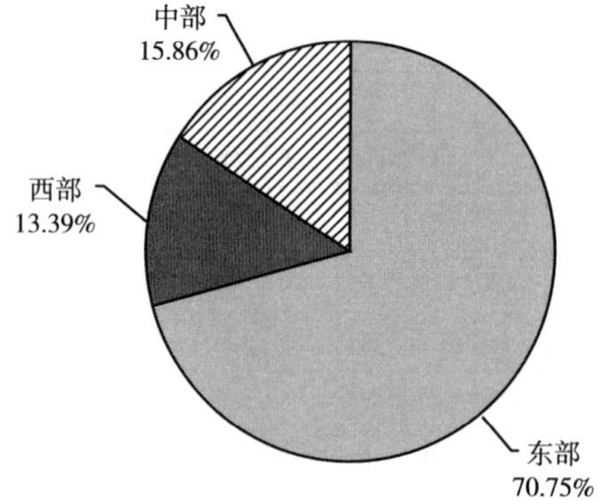

图 4－8　2004—2016 年我国上市公司并购事件地域特征分析 2

从表 4－8 中可以看到，排名前五位的是广东省、浙江省、江苏省、北京市和上海市，显然这五个地区都是东部经济发达地区，这与我国的国情是非常一致的。这些东部经济发达地区不仅企业数量众多，同时由于天然的地理优势和国家给予的各项优惠条件，因而并购次数相对较多。广东省占据绝对第一的位置，超出第二名浙江省 1642 例之多，更是第五名上海市并购次数的两倍以上。

图4－7更直观地展示出我国2004—2016年上市公司并购交易数量以及公司所在地的区域分布。广东省和浙江省的并购次数分别是北京市和山东省的两倍之多，2004—2016年，超过1000次并购的共有10个省市，分别是上海市、北京市、四川省、安徽省、山东省、广东省、江苏省、浙江省、湖北省和福建省。其他各省在样本年间的并购数量相对比较平均，基本与各地区的政治、经济发展状况相吻合。根据图4－8，东部地区占据绝对地位，占比为70.75%，并且排在前五位并购最频繁的省市全部属于东部地区，超过西部地区和中部地区的并购比例之和，西部地区和中部地区平分秋色。东部地区有天然的港口优势，商品经济较为发达，且历来经济技术水平相较于西部和中部的确较高，基础设施较为健全，因而并购相对频繁。

四、产权性质

本书根据上市公司最终控制人是否为国有的属性对上市公司产权进行界定，表4－9为2004—2016年并购事件产权特征分析，分别统计央企、地方国企和非国企的并购事件数，同时本书也用直观图的方法展示了不同产权性质上市公司并购事件数占比的趋势变动情况，如图4－9所示。

表4－9　　2004—2016年我国上市公司并购事件各年度产权特征分析

年份	央企（家）	占比（%）	地方国企（家）	占比（%）	非国企（家）	占比（%）	合计（家）
2004	89	14.74	330	54.64	185	30.63	604
2005	89	14.74	309	51.16	206	34.11	604
2006	142	17.60	322	39.90	343	42.50	807
2007	226	13.09	757	43.83	744	43.08	1727

续表

年份	央企（家）	占比（%）	地方国企（家）	占比（%）	非国企（家）	占比（%）	合计（家）
2008	295	16. 50	686	38. 37	807	45. 13	1788
2009	320	14. 75	775	35. 71	1075	49. 54	2170
2010	296	15. 49	654	34. 22	961	50. 29	1911
2011	289	13. 97	553	26. 73	1227	59. 30	2069
2012	271	11. 67	534	22. 99	1518	65. 35	2323
2013	308	10. 42	538	18. 19	2111	71. 39	2957
2014	258	7. 79	627	18. 94	2425	73. 26	3310
2015	549	8. 66	1100	17. 36	4689	73. 98	6338
2016	371	7. 18	736	14. 25	4059	78. 57	5166
合计	3503	11. 02	7921	24. 93	20350	64. 05	31774

资料来源：根据国泰安数据库整理。

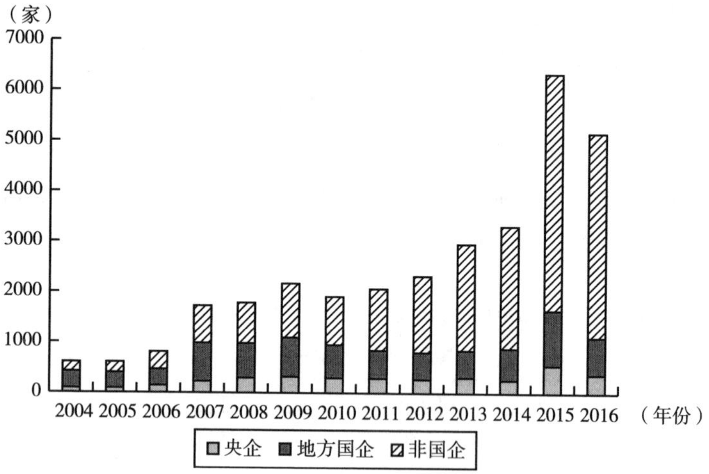

图 4 –9　2004—2016 年我国上市公司并购事件产权特征趋势分析

根据表 4 –9 和图 4 –9，就总量而言，非国企上市公司并购次数远多于国企，占 2004—2016 年并购总次数的 64. 05%，其中央企上市公司并购事件数为3503次，占比为11.02%，而地方国企上市公司的并购事件数为7921次，占比为24.93%；就年度而言，国企在2004年并购活动最频繁，非国企则呈逐年稳步上涨趋势，在2016年达到峰值；就趋势而言，在2010年之前，国有企业上市公司并购事件发生数占据比例大于非国企，但是在2010年之后被迅速赶超。

第五章　董事网络位置与企业并购行为研究

对企业而言，并购不仅是一项战略性选择（Andrade 等，2001），也是重大投资经营决策，必然受到董事网络位置信息渠道的深远影响。本书提出并拟解决以下问题：从并购行为发生到经济后果这一过程来看，董事网络位置不同对企业并购决策会产生何种影响？董事网络又会如何影响企业并购绩效？进一步地，当企业面临较差的信息环境时，董事网络位置与并购决策、董事网络位置与并购绩效之间的关系会发生何种变化？本章重点在于阐述企业通过董事网络获取信息资源，构建计量模型，并借鉴社会学方法中的网络分析技术，以 2004—2016 年沪深 A 股上市公司为样本，先从并购活动事前出发，研究董事网络位置与企业并购决策的关系；再立足于并购活动事后，探究董事网络位置与并购绩效的关系；最后根据信息环境分组，验证不同信息环境下两者关系的变化。

第一节　理论分析与研究假设

一、董事网络位置与并购决策

虽然企业并购决策由公司董事会最终制定，但是，具体事务的操作，如选择目标公司及重要信息收集等，一般由管理层负责。管理层中的高管人员是并购决策的最终执行者，高管出于私利发动并购的事件屡见不鲜（李善民等，2009）。同时，如果信息不对称，高管所拥有的信息可能并不与董事共享（Adams 和 Ferrera，2007），那么董事会获取的偏差信息很可能会导致并购决策的失误。可见，代理问题在并购活动中较为严重。董事会是企业战略决策的制定者，聘任和监督执行战略决策的高管人员，并对高管提供咨询和建议功能，贯穿整个战略过程。在并购活动过程中，董事咨询功能的有效发挥则取决于董事对并购信息的掌握程度，信息掌握越全面，越能更好地发挥咨询功能，促使并购行为取得成功。

镶嵌理论（Granovetter，1985）认为，当董事会进行决策时，一方面会受到每位董事个人意志的干扰，如董事会根据自身的偏好、知识和背景等抉择。但是另一方面，董事也身处在一个动态环境中，不仅会与本企业董事会其他成员具有广泛联系，同时也会受到不同渠道信息来源的影响。也就是说，董事会是在人际关系的互动网络中进行决策。本书所研究的董事网络范畴指的是，在同一家公司担任董事而形成的网络结构。董事网络分布中，主要有两个基本特征：一是组成网络的基本因素——“结点”，即每位董事本身；二是将结点联系起来的纽带——“联结”。如果两个董事至少在同一董事会任职，则两者就有了联系，就会开始传递信息（谢德仁和陈运森，2012）。显然由于董事兼任数目的差异，每一位董事在网络内部的位置并不等同，兼任越多说明相应的网络位置越高。从理论上说，如果董事在网络中处于较高的层级，那么其拥有更多的社会资本，获取更多社会信息，具备更加丰富的传递渠道，以上各种优质社会资源都会大大提升董事咨询作用。

社会网络分析中的“网络中心度”指标是测度每一位上市公司董事在网络中的相对位置，可以评价某位董事是否重要，职务是否有特权，社会声望如何等（罗家德，2010）。弗里曼（Freeman，1979）将中心度分为三种形式，包括程度中心度（Degree）、中介中心度（Betweenness）和接近中心度（Closeness）。一般来说，董事网络中心度越高，意味着与网络中的个体具有更多纽带，连接时路径更短，获得的信息更加丰富，传递能力更强。也就是说，相较于较低网络中心度的董事，这类董事在制定并购决策时，受信息不对称程度更低，有利于企业迅速反应并及时把握并购等重大投资机会。因此，基于以上分析，我们提出本书假设1。

假设1：董事网络位置越高，则企业并购概率越大。即董事网络位置与企业并购决策正相关。

二、董事网络位置与并购绩效

由于并购双方信息不对称，主并公司一般需要直接对目标公司进行充分的前期调研，或者借助中介机构进行并购咨询。董事通过网络传递关于企业需要的并购信息，更加有效发挥咨询功能，以获得更好的并购绩效。首先，对主并公司而言，最重要的信息就是如何定位目标公司。董事网络的存在为其提供了机会，可以传递目标公司的大量相关信息，从而减少信息搜索成本（Bruner，2004），发现与识别并购机会。并购进程非常复杂、烦琐，交易谈判、方案设计、法律咨询等各种问题层出不穷，董事网络传递的信息使企业的这些问题有理可据。虽然专业咨询部门和机构可以帮助企业解决部分问题，但是由于自利行为，可能会损害到主并公司的利益。董事网络，一方面可以减少对专业咨询机构的依赖，同时也会降低咨询费用，并减少并购失败的风险；另一方面，也有助于减少并购整合过程中的不确定性，降低目标公司高管和员工的抵制成本。当企业在并购后面临业务战略转型、组织文化冲突、人力资源管理等问题时，董事可以从网络中找出现有案例进行参考，提升企业并购整合能力（陈仕华等，2013；李善民等，2015）。其次，为了有利于本企业预测并购协同效应，通过并购活动为公司股东创造价值，在对目标公司定位之后，董事会需要了解目标公司的真实情况，以便准确评估其价值，此时需要了解对方公司的详细信息，以及对方高层是否愿意并购。同时与客户、供应商等建立重要业务联系，获得其他竞争企业的行为信息，并及时了解目前国家监管制度变化及相关法律法规调整。再次，降低风险和不确定性。支付并购价格和并购协同效应之间存在很长的一段时间，在这段时间中充斥着大量的风险和不确定性，比如目标公司可能存在道德风险问题，而主并公司难以掌控此类问题，董事网络的存在会降低此类风险。蔡和塞维利尔（Cai 和 Sevilir，2012）将董事间的联系分为一阶联系（朋友）和二阶联系（朋友的朋友），这两种联系虽然程度不同，但是都直接或者间接地帮助董事们互相变得熟悉甚至信任，进而可以缓解各种风险和不确定性问题，带来较高的并购绩效。最后，并购浪潮往往源于行业内外部企业的相互冲击（Harford，2005），董事网络可以为企业提供时效性信息，如当前行业发展情况、市场情况等核心内容；同时也能获得目前最前沿的技术创新和近期并购事件等即时信息，使企业在此过程中做好各项准备。总而言之，董事网络位置越高，越能降低并购过程中的各种不确定性，主并公司越能获得更好的并购绩效。因此，基于以上分析，我们提出本书假设 2。

假设 2：董事网络传递的有效信息有助于董事更好地发挥咨询建议功能，最终获得更好的并购绩效，即董事网络位置与企业并购绩效呈正相关。

三、信息环境的作用

如前所述，董事网络作为一种重要的信息传递渠道，的确能加强企业的并购决策效应，进而也能提升企业的并购绩效，但是研究董事网络对企业并购的影响还需考察企业所在的信息环境，梁上坤（2017）和黄灿等（2017）都证实了信息环境对企业的重要性。企业的信息环境越好，或者说信息越透明，企业内外部的信息传递偏差就越小，说明董事会所需的并购信息可以通过正式的信息渠道获取，此时董事网络的信息传递作用就会被削弱。反之，在信息不对称程度更高的企业中（信息环境差），则董事会在决策时需要借助董事网络关系等其他非正式信息来源渠道。

目前的现实情况是，西方发达国家资本市场发展比较成熟，我国资本市场同时处于新兴市场和转轨市场中（Fernandes 和 Ferreira，2009），相应地资本市场发展正处于不全面、不成熟的阶段，因而大部分企业所处的信息环境较差，面临的信息不对称问题较为严重，企业的信息收集成本也较高，董事无法通过正式渠道获取有效的并购信息，在整个并购过程中面临较高程度的不确定性与风险。特别是当目标公司为非上市公司时，根据证监会的规定其不需要披露相应信息，信息不对称程度会更加严重，使主并公司出现更多的逆向选择或者道德风险问题，即出现更高程度的并购溢价（Ang 和 Kohers，2001）等问题。在此种情况下，董事网络可以作为正式信息渠道不健全情况下的一种补充，属于一种非正式的信息渠道，进而分别影响企业并购决策与并购绩效。据此，我们提出本书假设 3 和假设 4。

假设 3：在其他条件相同的情况下，企业信息环境越差，越需要网络渠道提供的信息资源，董事网络位置对并购决策的促进作用在公司信息环境较差时更为明显。

假设4：企业信息环境越差，董事网络位置与并购绩效之间的敏感性越强。

第二节　研究设计

一、样本选取与数据处理

由于从2004年开始，我国上市公司并购交易的信息披露数据才相对完整，因此本章选取2004—2016年沪深两市A股上市公司作为初始研究样本，筛选样本公司的具体方法如下：（1）根据数据的可获得性，选择主并方（并购方）为上市公司的样本企业，剔除非上市公司样本；（2）选取并购交易成功的并购事件；（3）如果同一家上市公司在同一年宣告两笔或者两笔以上针对同一家目标公司的并购交易，则合并为一例并购事件；（4）剔除ST类和终止上市的公司；（5）剔除金融行业；（6）选择上市公司的狭义并购行为，包括资产并购、股权转让和吸收合并等，剔除广义形式的并购活动。最后，如果某个指标存在缺失值，则通过年报予以补充；如年报中也无法查找到，则剔除该样本。

本章数据来源于国泰安（CSMAR）数据库，并购数据来自上市公司并购重组研究数据库，董事会成员兼任信息主要来自上市公司人物特征数据库和治理结构数据库，董事个人简历信息主要通过巨潮资讯网站和新浪财经网站进行比对。“网络中心度”指标计算采用社会网络数据分析软件Pajek，数据预处理软件为Excel 13.0，统计分析软件为Stata 14.0。同时本书对主要连续变量进行了上下1%水平的缩尾处理（Winsorize）以消除离群值影响。经过一系列的样本筛选步骤，最终得到25401个样本观测值，包括15377个并购样本和10024个非并购样本。

二、模型设定与变量说明

为检验本章提出的假设 1 至假设 4，依次建立如下模型：

$$MA_t = \alpha_0 + \alpha_1 Centrality_t + \alpha_2 Tobin's\ Q_t + \alpha_3 Size_t + \alpha_4 Liquidity_t + \alpha_5 ROA_t + \alpha_6 Lev_t + \alpha_7 Board_t + \alpha_8 Indep_t + \alpha_9 Duality_t + \alpha_{10} ESH_t + \alpha_{11} Top1_t + \alpha_{12} SOE_t + \alpha_i Industry_t + \alpha_j Year_t + \varepsilon \quad (5.1)$$

$$Perf_t = \beta_0 + \beta_1 Centrality_t + \beta_2 Tobin's\ Q_t + \beta_3 Size_t + \beta_4 Liquidity_t + \beta_5 ROA_t + \beta_6 Lev_t + \beta_7 Board_t + \beta_8 Indep_t + \beta_9 Duality_t + \beta_{10} ESH_t + \beta_{11} Top1_t + \beta_{12} SOE_t + \beta_{13} Method_t + \beta_{14} Consultant_t + \beta_i Industry_t + \beta_j Year_t + \varepsilon \quad (5.2)$$

其中，模型（5.1）使用 Logit 模型与 Tobit 模型，模型（5.2）为 OLS 模型。本书首先利用模型（5.1）来检验董事网络与企业并购决策的相关性，验证假设 1 是否成立；接着利用模型（5.2）来检验董事网络与企业并购绩效的相关关系，验证假设 2 的结论；最后根据信息环境变量进行分组检验，继续使用以上两个模型观察不同信息环境下董事网络对并购决策、并购绩效的作用是否存在差异，证明假设 3 和假设 4 的结论。

模型（5.1）中，并购决策 MA 为被解释变量。借鉴已有文献的做法（Malmendier 和 Tate，2008；姜付秀等，2009；万良勇和胡璟，2014；陈仕华等，2015；林钟高等，2016），本章设置两个指标测量并购决策：①并购选择（MA_1）：如果该公司在某一年发生并购，则当年的 MA 取值为 1，否则为 0；②并购次数（MA_2）：样本公司每年发生的并购次数合计。

模型（5.2）中，被解释变量 Perf 包括短期并购绩效（CAR）和长期并购绩效（BHAR）。借鉴已有文献的做法（潘红波等，2008；唐建新和陈冬，2010；王化成等，2010；陈仕华等，2013），

CAR 通过事件研究法计算，为并购首次宣告日前后一段时间内的股票价格的累计超额收益率。CAR 的具体估计方法采用市场模型法（Brown 和 Warner，1985），公式为

$$R_{it} = \alpha_i + \beta_i R_{mt} + \varepsilon \tag{5.3}$$

式（5.3）中，R_{it} 为在第 t 期考虑现金红利再投资的股票 i 的日个股回报率，R_{mt} 为 t 时期考虑现金红利再投资的市场 m 的日回报率。本书同时采用国内学者（李善民和朱滔，2006；陈仕华等，2013）的普遍做法，首先，选取并购首次宣告日前 150 天至前 30 天的窗口期估计出参数 α 和 β；其次，计算并购首次宣告日前 10 天至并购首次宣告日后 10 天窗口期的预测值，最后得到这段时期的超额收益，即实际值与预测值之差。

表 5 -1 为并购首次交易日公告前后 10 个交易日平均超额收益率。根据表 5 -1，并购首次公告日之前的第 2 天到并购公告日之后的第 3 天，这段时间的平均超额收益率在 1% 水平显著异于零，因此本书计算并购事件累计超额收益率（CAR）的窗口选择 [-2，3]。

表 5 -1　并购首次交易日公告前后 10 个交易日平均超额收益率

交易日	均值	交易日	均值	交易日	均值
-10	0.0002 (0.53)	-9	-0.0001 (-0.45)	-8	-0.0002 (-0.61)
-7	-0.0003 (-1.09)	-6	0.0003 (0.37)	-5	0.0003 (0.84)
-4	-0.00001 (-0.03)	-3	0.0005* (1.75)	-2	0.0008*** (2.61)
-1	0.0018*** (5.58)	0	0.0082*** (16.98)	1	0.0025*** (6.17)

续表

交易日	均值	交易日	均值	交易日	均值
2	0.0014 *** (3.72)	3	0.0012 *** (3.25)	4	0.0003 (0.91)
5	-0.0002 (-0.59)	6	-0.0003 (-1.00)	7	-0.0004 (-1.21)
8	0.0001 (0.40)	9	-0.0006 (-1.76)	10	-0.0003 (-1.21)

注：括号内的数字为 t 值；*** 、** 和 * 分别代表在 1%、5% 和 10% 的水平上显著。

长期并购绩效 BHAR 用购买并持有公司股票的超常收益表示。BHAR 衡量的是持有某企业股票期间，该企业股票收益率超过市场组合收益率的大小。本书计算主并公司 i 并购［0，T］月后的 BHAR（Gregory，1997；李善民和朱滔，2006；陈仕华等，2013），公式如下：

$$BHAR_{iT} = \prod (1 + R_{it}) - \prod (1 + R_{pt}) \tag{5.4}$$

其中，R_{it}为主并公司 i 在 t 月的月收益率，R_{pt}表示对应组合的月收益率，T 表示 0—24 个月，当 $t=0$ 时，代表发生并购当月，当 $t=1$ 时，表示并购后一个月，以此类推直到第 24 个月。计算对应组合的月收益率 R_{pt}，借鉴李善民和朱滔（2006），根据公司在 t 年 6 月的月流通市值规模和（$t-1$）年 12 月的权益账面/市值比分别从小到大排序后均分成 5 组，共计 25 组；对每年的 25 组公司，分别计算各组的等权月收益率 R_{pt}。

董事网络中心度指标 Centrality 为解释变量（Freeman，1979；谢德仁和陈运森，2012），包括程度中心度（Degree）、中介中心度（Betweenness）和接近中心度（Closeness）。根据沃瑟曼和福斯特（Wasserman 和 Faust，1994）的研究，这 3 个中心度分别是网络位置的某一个方面，依次用来测量交流活跃性、控制和主动性、交流独立性或有效性，研究设计中将这 3 个指标综合考虑。具体指标含义及计算方法如下：

（1）程度中心度（Degree）。个人与网络中的其他个人具有直接关系的数量，个人拥有的连接越多，该个体在网络中越靠近中心，在网络中的地位越高，获取的信息也越多。计算公式如下：

$$D_i = \frac{\sum_{j \neq i} x_{ij}}{N-1} \tag{5.5}$$

其中，i 为某个董事；j 为当年除了 i 之外的其他董事；X_{ij} 为董事是否在同一家企业任职，如果董事 i 与董事 j 在一家以上企业内供职，则取值为 1，否则取值为 0；$\sum_{j \neq i} X_{ij}$ 为网络中某一董事 i 与其他董事有直接关系的数量之和。N 为样本公司当年董事总人数，用（$N-1$）消除规模差异。

（2）中介中心度（Betweenness）。衡量个体作为中介传递信息的能力，显示个体对信息流的控制程度。该个体介于两个其他个体之间，可以中断或促进这两个个体之间的信息传递。如果某个个体在网络成员中最短路径的频繁程度越高，则说明他的中介性越高。计算公式如下：

$$B_k = \sum_{i<j \neq k \in N} \frac{g_{ij(k)}/g_{ij}}{(N-1)(N-2)/2} \tag{5.6}$$

其中，g_{ij}是两位董事之间联系必须经过的最短距离，$g_{ij(\mathrm{k})}$则是两位董事最短路径之间具有董事 k 的数目，$\sum_{i<j \neq k \in N} g_{ij(k)}/g_{ij}$ 为所有董事两两之间的最短路径中具有董事 k 的程度，用（$N-1$）（$N-2$）/2 消除规模差异。

（3）接近中心度（Closeness）。即个体从网络中其他个人中获取信息的能力，是个体和网络中所有其他个体之间的（最短）

距离之和的倒数。计算公式如下：

$$C_i = \frac{N-1}{\sum_{i \neq j \in N} d_{ij}} \tag{5.7}$$

其中，d_{ij} 是董事 i 与董事 j 之间的最短距离（测地线），$\sum_{i \neq j \in N} d_{ij}$ 为某位董事与其他所有董事之间的最短距离之和。用 $(N-1)$ 消除规模差异。此种计算方法适用于董事 i 至少与其中一位董事 j 有所联系的情况；如果 i 与所有其他董事没有任何联系，则应改变计算方法：首先除以所有相联系的董事人数之和，再乘以这些董事在整体网络的占据比。

本章通过以下举例说明董事 A 和董事 X 的网络中心度的计算思路，以便对网络中心度指标的理解更加具体化。如图 5－1 所示，该示例包括 2 个董事会群组和 8 个结点即整个网络中的董事总人数，A 与 X 没有联系，其中 6 个结点（董事 A 到 F）位于董事人数较多的董事会群组中，而其他两个董事 X 与 Y 所在群组的董事人数规模则较小，仅为 2 人。首先，董事 A 直接连接到董事 B 和董事 F，因此程度中心度（Degree）为 2/7；而董事 X 仅与董事 Y 直接相联系，因此董事 X 的程度中心度（Degree）为 1/7。其次，董事 A 位于两名董事会成员的最短路径之上，即董事 B 与董事 F，董事 C 与董事 F。B 和 F 的最短路径为 B—D—F 和 B—A—F，C 和 F 的最短路径为 C—B—D—F，C—B—A—F。因此 A 的中介中心度（Betweenness）为 $(1/2)/\{(6-1)\times(6-2)/2\}+(1/2)/\{(6-1)\times(6-2)/2\}=0.1$；董事 X 没有位于任何配对成员的路径中，因此 X 的中介中心度（Betweenness）为 0。最后，董事 A 到董事 B、董事 C、董事 D、董事 E 和董事 F 的最短距离分别为 1、2、2、2 和 1，且与董事 X 和董事 Y 没有联系，A 能接触到的最多董事个数为 6，董事 A 的接近中心度（Closeness）

为 (6－1)×6/{(1＋2＋2＋2＋1)×8}＝0.469，董事 X 的接近中心度（Closeness）为（2－1）×2/8＝0.25。

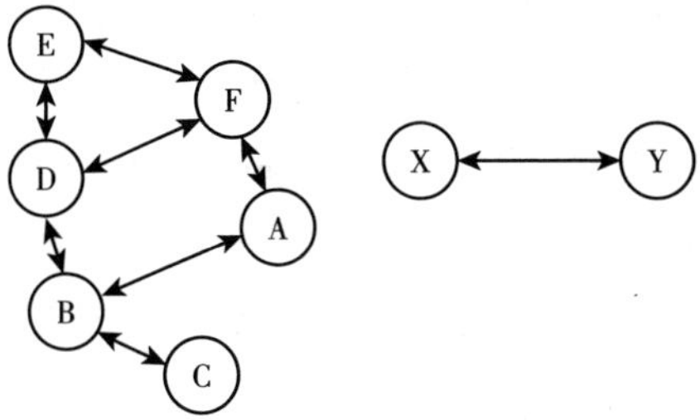

图 5－1　董事网络中心度衡量示意图

董事资料通过手工收集和整理获得①。借鉴已有文献的做法（陈运森和谢德仁，2011；万良勇和胡璟，2014），构建我国 A 股上市公司董事网络，并计算每一位董事网络中心度，具体方法如下：首先，明确每一个董事具有唯一的 ID，如果某董事 i 在某公司 j 中任职，则矩阵［i，j］对应的值为 1，否则为 0，由此构建出完整的“董事—公司”矩阵，使用 Pajek 软件将该二维矩阵转化为一维“公司—公司”矩阵并计算出具体指标数值，本书模型使用公司层面的董事网络中心度指标。其次，为了确保研究结果的可靠性，考虑到董事层面的董事网络中心度水平也可能影响研究结果，因此将“董事—公司”矩阵转化为“董事—董事”矩阵，并且可能具体决策是由某一个网络中心度很高的董事起主要作用，在稳健性检验中选取董事层面的网络中心度最大值作为稳健性检验变量。

分组变量为信息环境 Information，用分析师跟踪数量衡量某个

① 通过国泰安数据库可以发现，我国上市公司董事有许多重名现象，且数据库中的人员 ID 也并不准确，必须通过巨潮资讯网、新浪财经网与国泰安数据比对才能唯一确定。

公司所处的信息环境（Lang 等，2003；潘越等，2011；吴战篪和李晓龙，2015），显然分析师跟踪数量越多，代表企业的信息环境越好。本书根据黄灿等（2017）的方法对数据进行了加 1 再取自然对数的处理。然后将全样本分为信息环境好组（Information≥75%中位数）和信息环境差组（Information＜75%中位数），进行分组检验。同时为了数据的客观性和公正性，采用深圳证券交易所这一权威机构提供的信息披露评价指数，用上市公司信息披露考评结果度量信息环境（曾颖和陆正飞，2006；方军雄，2007；陈小林和孔东民，2012）。如果考评结果为优秀，则可以认为该企业的信息环境较好；反之，则认为该企业信息环境较差。但是这一方法的问题在于，目前只有深圳证券交易所对上市公司信息披露进行了考评，因而损失了大量样本。本书根据信息环境进行分组，目的是验证假设 3 和假设 4。如果假设 3 成立，则信息环境较差的组中，α_1应该显著为正，而在信息环境较好的组中则应该为负，或者为正但不显著。假设 4 也同理，β_1应该在信息环境较差的组中显著为正，而在信息环境较好的组中则应该为负，或者为正但不显著。

Control 为控制变量①。借鉴现有研究（姜付秀等，2009；陈仕华等，2013），模型（5.1）选择如下控制变量：成长机会（Tobin's Q），即“短期债务＋长期债务＋优先股＋股权市场价值”÷总资产的账面价值；企业规模（Size），即总资产对数；流动能力（Liquidity），即经营性现金流量净额÷总资产；盈利能力（ROA），净利润÷总资产；资产负债率（Lev），总负债的账面价值与总资产的账面价值的比率；董事会规模（Board），所

① 本章也试着控制了管理层的平均年龄和性别比例等个人特征，高管过度自信及市场化指数，但是并没有影响本书的结论。

有董事人数之和；独立董事比例（Indep），独立董事人数除以董事会人数之和；两职兼任（Duality），若总经理与董事长为同一人，则取值为1，否则为0；管理层持股比例（ESH），管理层持股数÷总股数；第一大股东持股比例（Top1），第一大股东持股数与总股数之比；产权性质（SOE），国有为1，非国有为0。本书还设置了年度（Year）虚拟变量和行业（Industry）虚拟变量，用来控制不同年度和行业特殊性对研究结果的影响。行业划分是依照中国证监会《上市公司行业分类指引》（2012），同时考虑到制造业的数量和差异，因此按照二级代码分类，其他行业按一级代码分类。若为该行业，取值为1，否则为0。

模型（5.2）在以上变量的基础上还设置了影响企业并购绩效的两个变量，即并购对价方式（Method）和财务顾问（Consultant）。并购对价方式（Method），现金对价方式为1，否则为0；财务顾问（Consultant），主并公司如果聘请财务顾问，则为1，否则为0。

本章主要变量定义及计算方法见表5-2。

表5-2 变量定义表

变量类型	变量符号	变量名称	变量定义或计算
被解释变量	MA	并购决策	①并购选择（MA_1）：样本公司是否执行并购决策，如果该公司在样本期间发生并购，则取值为1，否则为0； ②并购次数（MA_2）：样本公司每年发生的并购次数合计
	CAR	短期并购绩效	并购宣告日前后［-2，3］窗口的累积超额收益率
	BHAR	长期并购绩效	购买并持有公司股票24个月，公司股票收益率超过对应市场组合的收益率

续表

变量类型	变量符号	变量名称	变量定义或计算
解释变量	Degree	程度中心度	个体与网络中的其他个人具有直接关系的数量
	Betweenness	中介中心度	个体在网络中的任何其他两个成员之间的最短路径上的频繁程度
	Closeness	接近中心度	个体和网络中所有其他个体之间的最短距离之和的倒数
分组变量	Information	信息环境	①Ln(1+分析师跟踪数量)，超过75%分位数设定为信息环境好的组，反之为信息环境差的组； ②根据深圳证券交易所的上市公司信息披露指数，优秀组为信息环境好的组，其他为信息环境差的组
控制变量	Tobin's Q	成长机会	(短期债务+长期债务+优先股+股权市场价值)÷总资产的账面价值
	Size	企业规模	总资产的自然对数
	Lev	资产负债率	总负债的账面价值÷总资产的账面价值
	Liquidity	流动能力	经营性现金流量净额÷总资产
	ROA	盈利能力	净利润÷总资产
	Board	董事会规模	所有董事人数之和
	Duality	两职兼任	董事长与总经理是否为同一人，是为1，否为0
	Indep	独立董事比例	独立董事人数÷董事会人数之和
	ESH	管理层持股比例	管理层持股数÷总股数
	Top1	第一大股东持股比例	第一大股东持股数÷总股数
	SOE	产权性质	国有为1，否则为0

续表

变量类型	变量符号	变量名称	变量定义或计算
控制变量	Method	并购对价方式	采取现金对价方式为1，其他为0
	Consultant	财务顾问	聘请财务顾问时为1，其他为0
	Industry	行业	行业虚拟变量
	Year	年份	以样本区间为基准，设置年度虚拟变量

第三节 实证检验与结果分析

一、描述性统计分析

表5-3为主要变量的描述性统计，企业并购（MA_1）的均值为0.605，中位数为1，说明在全体样本公司中有60.5%企业进行了并购，我国上市公司的并购活动总体来说较为频繁。并购次数（MA_2）的均值为1.416。短期并购绩效（CAR）均值为0.011，标准差为0.082。长期并购绩效（BHAR）的均值-0.114，并且通过比较最大值与最小值发现，公司之间长期并购绩效的差距较大，而短期并购绩效差距则相对较小。程度中心度（Degree）、中介中心度（Betweenness）和接近中心度（Closeness）平均值分别为3.388、0.002和0.116，通过比较最值差距可以发现，各个企业之间的董事网络流通的信息存在差异性。信息环境变量（Information）的均值为2.099。

在控制变量中，成长机会的均值为2.426，中位数大于1，标准差为2.391，说明多数样本企业投资机会良好。企业规模均值为21.750，中位数为21.610，标准差为1.279，说明样本企业的规模差异较小。流动能力均值为4.5%，最大值和最小值分别为26.6%和-20.3%，标准差为0.078，说明流动性总体而言欠佳。盈利能力均值为4.3%，资产负债率均值为45.9%，表明样本公司融资方式中债务融资是外部资金的主要组成部分。董事会成员均值接近9人，中位数为9人，独立董事比例均值为36.7%，最小值为27.3%，最大值为57.1%，说明大部分样本企业都满足了证监会规定的“上市公司董事会成员中至少应该包括1/3的独立董事”的要求。两职兼任的均值为22.9%，说明超过1/5的样本公司董事长和总经理两职合一。管理层持股比例和第一大股东持股比例均值分别为10%和36.4%，产权性质均值为0.468，说明国有企业占据样本企业的近一半。平均97.5%的企业采用现金对价方式，并购方在交易过程中聘请财务顾问的均值为0.094，中位数和75%分位数都为0，说明大部分样本公司都在并购时倾向于不聘用财务顾问。

表5-3　　　　主要变量的描述性统计

变量	N	平均值	标准差	最小值	最大值	25%分位数	中位数	75%分位数
MA_1	25401	0.605	0.489	0	1	0	1	1
MA_2	25401	1.416	1.805	0	9	0	1	2
CAR	7018	0.011	0.082	-0.172	0.357	-0.035	-0.0002	0.041
BHAR	8328	-0.114	0.680	-2.237	2.489	-0.418	-0.120	0.131
Degree	25401	3.388	2.841	0	12	1	3	5
Betweenness	25401	0.002	0.003	0	0.015	0	0	0.002
Closeness	25401	0.116	0.106	0	0.501	0.052	0.119	0.152
Information	18111	2.099	0.846	0.693	4.943	1.694	1.986	2.785
Tobin's Q	24274	2.426	2.391	0.054	14.110	0.897	1.674	3.031
Size	25397	21.750	1.279	18.960	25.680	20.850	21.610	22.470

续表

变量	N	平均值	标准差	最小值	最大值	25%分位数	中位数	75%分位数
Liquidity	25397	0. 045	0. 078	-0. 203	0. 266	0. 004	0. 045	0. 090
ROA	25400	0. 043	0. 068	-0. 224	0. 240	0. 014	0. 039	0. 073
Lev	25400	0. 459	0. 231	-0. 195	1	0. 283	0. 455	0. 619
Board	25385	8. 917	1. 844	5	15	8	9	9
Indep	25233	0. 367	0. 052	0. 273	0. 571	0. 333	0. 333	0. 400
Duality	23919	0. 229	0. 420	0	1	0	0	0
ESH	25356	0. 100	0. 189	0	0. 688	0	0. 0002	0. 087
Top1	25399	0. 364	0. 155	0	0. 759	0. 241	0. 343	0. 477
SOE	25401	0. 468	0. 499	0	1	0	0	1
Method	7018	0. 975	0. 157	0	1	1	1	1
Consultant	7018	0. 094	0. 291	0	1	0	0	0

二、单变量分析

表5-4为董事网络基于并购决策的组间差异检验，将公司基于企业并购与否（MA_1）分为两组，对其他解释变量进行组间均值的T检验和中位数的秩和检验，以初步检验样本是否符合理论预期。组间均值的T检验和中位数的秩和检验得到一致结论，结果发现，在25401个样本公司中，15377家企业为并购样本，10024家企业为非并购样本，与描述性统计结果一致。其中，并购组企业的程度中心度（Degree）、接近中心度（Closeness）和中介中心度（Betweenness）的均值分别为3. 524、0. 002和0. 122，而对应的非并购组均值分别为3. 179、0. 002和0. 113，两者之间的差异均在1%水平上显著。

在控制变量中，并购样本的成长机会、企业规模、资产负债率、独立董事比例和管理层持股比例均值显著地高于非并购样本，而流动能力、盈利能力、董事会规模、产权性质和第一大股东持股比例则显著地低于非并购企业。可能的原因是，我国大部分企业在并购时采取的对价方式为现金对价，企业在付出现金较多的并购活动结束之后，流动性就会降低。两组之间的两职兼任均值并没有呈现出显著的差异性。总之，单变量检验初步支持了假设 1 的理论预期，即董事网络中心度越大的企业并购活动越频繁。

表 5 -4　董事网络位置基于并购决策的组间差异检验

变量	MA_1 = 1 (N = 15377)		MA_1 = 0 (N = 10024)		T 检验	秩和检验
	Mean	Median	Mean	Median	T 值	Z 值
Degree	3. 524	3	3. 179	3	9. 46 ***	9. 07 ***
Betweenness	0. 002	0. 0004	0. 002	3. 70e - 06	2. 91 ***	7. 28 ***
Closeness	0. 122	0. 122	0. 113	0. 114	7. 02 ***	5. 74 ***
Tobin's Q	2. 531	1. 768	2. 261	1. 551	8. 58 ***	8. 40 ***
Size	21. 89	21. 74	21. 54	21. 38	21. 36 ***	22. 43 ***
Liquidity	0. 043	0. 043	0. 049	0. 047	- 5. 71 ***	- 5. 47 ***
ROA	0. 042	0. 038	0. 044	0. 041	- 2. 82 ***	- 3. 68 ***
Lev	0. 466	0. 466	0. 447	0. 437	6. 71 ***	8. 24 ***
Board	8. 862	9	9	9	- 5. 84 ***	- 6. 75 ***
Indep	0. 369	0. 333	0. 364	0. 333	7. 00 ***	6. 71 ***
Duality	0. 230	0	0. 228	0	0. 42	0. 423
ESH	0. 102	0. 0002	0. 098	8. 37e - 05	1. 77 *	11. 76 ***
Top1	0. 350	0. 328	0. 386	0. 370	- 18. 28 ***	- 17. 75 ***
SOE	0. 429	0	0. 529	1	- 15. 66 ***	- 15. 58 ***

注：*** 、** 和 * 分别代表在 1% 、5% 和 10% 的水平上显著。

三、董事网络位置与并购决策

模型（5.1）是为了验证董事网络与并购决策的相关关系，回归结果如表5－5和表5－6所示。其中，表5－5的被解释变量为并购选择（MA_1），使用Logit模型；表5－6的被解释变量为企业并购次数（MA_2），使用Tobit模型。如表5－5所示，程度中心度（Degree）、中介中心度（Betweenness）和接近中心度（Closeness）的所有系数均显著为正，说明假设1得到验证，即董事网络位置越高则企业并购概率越大，董事网络中心度与企业并购决策正相关。董事网络层级越高，信息含量越丰富，则更容易把握重大投资机会，进行并购的可能性就越大。就财务类控制变量而言，成长机会、企业规模和资产负债率与并购决策呈显著正相关关系，说明成长机会越好，企业规模越大，资产负债率越高的企业，更加乐于进行并购活动。而流动能力系数则显著为负，主要原因是我国目前主要采取的并购对价方式为现金对价，而现金是流动资产的主要组成部分，并购活动越频繁，所需的现金流就越多，因此流动性就相应地降低。公司治理类控制变量中，董事会成员人数、产权性质、管理层持股比例和第一大股东持股比例与企业并购决策呈显著负相关，说明董事会人数越多，越可能造成决策时的冗余现象。董事会规模应当适度，若人数过多，可能会造成成员之间由于理解偏差而放弃好的投资项目，不能发挥应有的作用，或产生“搭便车”现象。而不同产权性质企业对并购行为的偏好存在显著差异，说明国有企业受到政府影响更多，而民营企业相对灵活，更容易抓住并购等重大投资机遇。管理层持股比例越高时，自利行为倾向越明显。股权集中度越高的企业可能更加排斥由于并购带来的重组与持股比例下降等不利因素。而且大部分样本企业都达到了证监会对公司治理结构制定的独立董事比例的监管要求，因此独立董事比例变量并未对公司并购决策产生实质性影响。表5－6的结果与表5－5基本一致。

表5－5 董事网络位置与并购决策的Logit回归结果

被解释变量 MA_1	(1) Degree	(2) Betweenness	(3) Closeness
Centrality	0.0182*** (3.27)	15.5520*** (2.88)	0.9310*** (2.87)
Tobin's Q	0.0438*** (5.09)	0.0432*** (5.02)	0.0438*** (5.09)
Size	0.2624*** (15.06)	0.2630*** (15.09)	0.2642*** (15.18)
Liquidity	−0.4472** (−2.16)	−0.4433** (−2.14)	−0.4397** (−2.12)
ROA	−0.0687 (−0.23)	−0.0496 (−0.17)	−0.0655 (−0.22)
Lev	0.4789*** (5.73)	0.4831*** (5.78)	0.4803*** (5.75)
Board	−0.0372*** (−3.90)	−0.0371*** (−3.88)	−0.0354*** (−3.73)
Indep	−0.4580 (−1.47)	−0.4710 (−1.51)	−0.4380 (−1.41)
Duality	−0.0419 (−1.15)	−0.0402 (−1.10)	−0.0429 (−1.17)
ESH	−0.2178** (−2.34)	−0.2200** (−2.36)	−0.2228** (−2.39)
Top1	−1.3108*** (−12.99)	−1.3100*** (−12.99)	−1.3162*** (−13.05)
SOE	−0.5177*** (−14.29)	−0.5175*** (−14.28)	−0.5179*** (−14.29)

续表

被解释变量 MA_1	(1) Degree	(2) Betweenness	(3) Closeness
Industry	Controlled	Controlled	Controlled
Year	Controlled	Controlled	Controlled
cons	-4.9444*** (-13.15)	-4.8919*** (-12.91)	-5.4066*** (-13.74)
N	22705	22705	22705
Pseudo - R^2	0.0642	0.0641	0.0641

注：括号内的数字为 z 值；***、** 和 * 分别代表在 1%、5% 和 10% 的水平上显著。

表 5-6　董事网络位置与并购决策的 Tobit 回归结果

被解释变量 MA_2	(1) Degree	(2) Betweenness	(3) Closeness
Centrality	0.0186*** (2.78)	16.6646** (2.51)	1.1497*** (2.86)
Tobin's Q	0.0780*** (7.86)	0.0773*** (7.79)	0.0780*** (7.86)
Size	0.4119*** (19.92)	0.4121*** (19.92)	0.4129*** (20.00)
Liquidity	-1.2624*** (-5.04)	-1.2601*** (-5.03)	-1.2551*** (-5.01)
ROA	-0.0401 (-0.11)	-0.0194 (-0.05)	-0.0449 (-0.13)
Lev	0.7525*** (7.34)	0.7568*** (7.38)	0.7548*** (7.37)
Board	-0.0559*** (-4.77)	-0.0561*** (-4.77)	-0.0545*** (-4.67)
Indep	-0.8714** (-2.30)	-0.8906** (-2.35)	-0.8571** (-2.27)

续表

被解释变量 MA_2	(1) Degree	(2) Betweenness	(3) Closeness
Duality	0.0129 (0.29)	0.0145 (0.33)	0.0119 (0.27)
ESH	-0.2498** (-2.19)	-0.2511** (-2.20)	-0.2541** (-2.23)
Top1	-2.1682*** (-17.58)	-2.1672*** (-17.57)	-2.1738*** (-17.63)
SOE	-0.8646*** (-19.65)	-0.8644*** (-19.64)	-0.8654*** (-19.66)
Industry	Controlled	Controlled	Controlled
Year	Controlled	Controlled	Controlled
cons	-7.8941*** (-17.39)	-7.8263*** (-17.09)	-8.4395*** (-17.71)
N	22711	22711	22711
Pseudo - R^2	0.0445	0.0445	0.0445

注：括号内的数字为 z 值；***、** 和 * 分别代表在 1%、5% 和 10% 的水平上显著。

四、董事网络位置与并购绩效

表 5-7 为董事网络与短期并购绩效的多元线性回归结果，3 个中心度指标的系数均显著为正，说明假设 2 成立，即董事网络中心度与企业短期并购绩效呈正相关。董事在网络位置中处于较高的层级，则信息来源更广，信息质量更优，更利于企业实现价值创造，取得较好的并购绩效。在控制变量中，成长能力与并购绩效呈显著正相关关系，说明成长能力越好，则企业并购的短期经济效果能得到显著提高。同时本书考虑到董事网络可能与公司治理有关，已有文献认为公司治理机制对董事会运作的有效性

和企业并购质量有重大影响（Yermack，1996）。但是，回归结果发现大多数系数在统计上并不显著，仅发现独立董事比例与并购绩效显著正相关，说明独立董事在此过程中对企业经济效果较好地发挥了显著为正的“智囊”作用。而产权性质的系数则显著为负，说明民营企业并购后的短期经济效果更好。进一步地，本书还发现，在企业倾向于采用股票对价方式、并购时企业聘用财务顾问的情况下，企业短期并购绩效 CAR 更优。

表 5－7 董事网络位置与短期并购绩效的 OLS 回归结果

被解释变量 CAR	(1) Degree	(2) Betweenness	(3) Closeness
Centrality	0.0012*** (3.22)	0.6906* (1.96)	0.0861*** (3.71)
Tobin's Q	0.0016** (2.37)	0.0016** (2.32)	0.0016** (2.34)
Size	0.0005 (0.43)	0.0006 (0.49)	0.0005 (0.45)
Liquidity	0.0055 (0.39)	0.0059 (0.42)	0.0053 (0.38)
ROA	0.0164 (0.68)	0.0182 (0.75)	0.0153 (0.63)
Lev	-0.0062 (-0.93)	-0.0059 (-0.88)	-0.0060 (-0.90)
Board	0.0009 (1.34)	0.0010 (1.49)	0.0010 (1.46)
Indep	0.0411** (1.97)	0.0408* (1.95)	0.0415** (1.99)
Duality	-0.0015 (-0.58)	-0.0015 (-0.57)	-0.0015 (-0.57)
ESH	-0.0092 (-1.36)	-0.0097 (-1.43)	-0.0096 (-1.43)

续表

被解释变量 CAR	(1) Degree	(2) Betweenness	(3) Closeness
Top1	-0.0069 (-0.99)	-0.0070 (-1.01)	-0.0075 (-1.08)
SOE	-0.0054** (-2.17)	-0.0052** (-2.12)	-0.0055** (-2.21)
Method	-0.0285*** (-4.41)	-0.0284*** (-4.40)	-0.0288*** (-4.45)
Consultant	0.0640*** (17.30)	0.0642*** (17.35)	0.0638*** (17.26)
Industry	Controlled	Controlled	Controlled
Year	Controlled	Controlled	Controlled
cons	-0.0135 (-0.50)	-0.0118 (-0.44)	-0.0524* (-1.87)
N	6541	6541	6541
Adj R^2	0.0846	0.0837	0.0851
F	14.140	13.990	14.220

注：括号内的数字为 t 值；***、**和*分别代表在 1%、5% 和 10% 的水平上显著。

表 5-8 为董事网络中心度与长期并购绩效 BHAR 的多元线性回归结果，程度中心度（Degree）、中介中心度（Betweenness）和接近中心度（Closeness）的系数均显著为正，该结果说明董事网络层级越高，则企业并购获得的长期经济后果越好。由此，结合短期并购绩效的回归结果，更加充分支持本书假设 2 的理论预期，即主并公司的董事网络中心度与并购绩效显著正相关。成长机会、流动能力、盈利能力和资产负债率的回归系数均显著为正，相较于短期并购绩效 CAR 的回归结果，流动能力和盈利能力的系数虽然方向为正，但并不显著，说明从短期来看，流动能

力和盈利能力并未显著影响企业的并购绩效，但是从长期来说，企业流动能力越好，盈利性越强，能带来更高的长期并购绩效。而资产负债率的系数在短期并购绩效回归中不显著，说明从长期来看，企业债务融资能更好地发挥财务杠杆作用，使长期经济效果更好。企业规模在1%水平上显著为负，说明规模越大企业实力越雄厚，但是同时面临的风险因素也更多，对企业长期并购绩效反而不利。而管理层持股比例和第一大股东持股比例越高，虽然比较排斥并购活动的发生，且短期并购绩效也相应较差，但是从长期来看却在事后能够取得较好的长期并购绩效，表明管理层持股比例越高、股权集中度越高、第一大股东对公司投资经营活动投入的关注度越高，投资决策更加谨慎、价值创造也更加丰硕。而聘用咨询顾问是企业的一项必要性投入，对短期并购绩效和长期并购绩效都有一个显著的正向提升作用，而目前仅有少量企业聘任了咨询顾问，说明未来企业在进行各项投入考量时，咨询投入是未来企业的不二选择。

表5-8　董事网络位置与长期并购绩效的OLS回归结果

被解释变量 BHAR	(1) Degree	(2) Betweenness	(3) Closeness
Centrality	0.0076*** (2.61)	4.1131* (1.67)	0.4779*** (2.70)
Tobin's Q	0.0253*** (4.74)	0.0252*** (4.72)	0.0252*** (4.71)
Size	-0.0396*** (-4.46)	-0.0391*** (-4.39)	-0.0393*** (-4.42)
Liquidity	0.2420** (2.33)	0.2446** (2.36)	0.2470** (2.38)
ROA	0.8060*** (5.19)	0.8137*** (5.24)	0.8039*** (5.18)

续表

被解释变量 BHAR	(1) Degree	(2) Betweenness	(3) Closeness
Lev	0.1633 *** (3.58)	0.1646 *** (3.60)	0.1644 *** (3.60)
Board	0.0015 (0.31)	0.0022 (0.44)	0.0023 (0.46)
Indep	0.2200 (1.33)	0.2210 (1.33)	0.2280 (1.38)
Duality	0.0082 (0.41)	0.0084 (0.42)	0.0084 (0.42)
ESH	0.1869 *** (3.51)	0.1858 *** (3.48)	0.1841 *** (3.46)
Top1	0.2020 *** (3.75)	0.2038 *** (3.78)	0.2012 *** (3.74)
SOE	-0.0181 (-0.97)	-0.0166 (-0.89)	-0.0183 (-0.98)
Method	-0.0654 (-1.56)	-0.0641 (-1.53)	-0.0651 (-1.55)
Consultant	0.0852 *** (2.81)	0.0849 *** (2.80)	0.0835 *** (2.76)
Industry	Controlled	Controlled	Controlled
Year	Controlled	Controlled	Controlled
cons	0.4695 ** (2.41)	0.4745 ** (2.41)	0.2450 (1.20)
N	7602	7602	7602
Adj R^2	0.0484	0.0479	0.0484
F	9.780	9.683	9.791

注：括号内的数字为 t 值；***、** 和 * 分别代表在 1%、5% 和 10% 的水平上显著。

五、信息环境的作用

前文分析已经表明，董事网络位置的确对并购决策与并购绩效都具有提升作用。进一步地，为了检验本书研究假设 3 与假设 4，本书根据信息环境变量进行分组检验。首先，根据分析师跟踪数量来度量企业所处的信息环境，分为信息环境好组与信息环境差组；其次，使用深圳证券交易所评价结果进行分组检验。表 5 – 9 至表 5 – 16 提供了按照信息环境分组后的实证结果。其中列（1）至列（3）为信息环境差的组，列（4）至列（6）为信息环境好的组。表 5 – 9 至表 5 – 12 是假设 3 的回归结果。表 5 – 9 与表 5 – 10 的被解释变量为并购选择（MA_1），因此使用 Logit 回归，表 5 – 11 和表 5 – 12 则为并购次数（MA_2），使用 Tobit 进行检验。

根据表 5 – 9 和表 5 – 11 的结果，控制住其他因素后，董事网络位置与并购决策之间的显著正相关关系在信息环境好的样本中作用有限，列（4）至列（6）的中心度系数都为正却不显著。而在信息环境差的样本中，董事网络位置对并购决策有明显的提升作用，列（1）至列（3）都显著为正，该结果支持了假设 3。说明董事网络位置对并购决策的正向效应主要存在于企业信息环境较差的情况下。具体来说，当企业的信息传递渠道受限时，对董事网络所传递的非正式信息需求就越高，董事网络关系对并购决策带来的作用就更大。反之，当企业面临的信息环境较好时，这种正向作用并未发挥显著效应。根据深圳证券交易所评价结果进行分组检验中，除了在表 5 – 10 中，当信息环境比较差时，程度中心度（Degree）并未正向显著之外，其他变量都得到一致性的结果，具体见表 5 – 10 和表 5 – 12。

表 5-9　董事网络位置与并购决策的 Logit 回归结果（基于分析师跟踪分组）

被解释变量 MA_1	(1) Degree	(2) Betweenness	(3) Closeness	(4) Degree	(5) Betweenness	(6) Closeness
	信息环境差			信息环境好		
Centrality	0.0196** (2.57)	17.9147** (2.40)	0.8061* (1.82)	0.0138 (1.14)	20.0500 (1.63)	1.2010 (1.56)
控制变量	Controlled	Controlled	Controlled	Controlled	Controlled	Controlled
Industry	Controlled	Controlled	Controlled	Controlled	Controlled	Controlled
Year	Controlled	Controlled	Controlled	Controlled	Controlled	Controlled
cons	-4.5935*** (-7.89)	-4.5103*** (-7.69)	-4.9986*** (-8.29)	-3.3017*** (-2.77)	-3.2240*** (-2.71)	-3.4904*** (-2.93)
N	12485	12485	12485	4581	4581	4581
Pseudo - R^2	0.0700	0.0699	0.0697	0.0848	0.0851	0.0850

注：括号内的数字为 z 值；***、** 和 * 分别代表在 1%、5% 和 10% 的水平上显著。

表 5-10　董事网络位置与并购决策的 Logit 回归结果（基于深市披露分组）

被解释变量 MA_1	(1) Degree	(2) Betweenness	(3) Closeness	(4) Degree	(5) Betweenness	(6) Closeness
	信息环境差			信息环境好		
Centrality	0.0127 (1.50)	19.2960** (2.12)	0.9553** (2.03)	0.0183 (1.04)	18.4300 (0.95)	1.2370 (1.06)
控制变量	Controlled	Controlled	Controlled	Controlled	Controlled	Controlled
Industry	Controlled	Controlled	Controlled	Controlled	Controlled	Controlled
Year	Controlled	Controlled	Controlled	Controlled	Controlled	Controlled
cons	-6.9271*** (-10.28)	-6.8204*** (-10.06)	-7.3882*** (-10.63)	0.4280 (0.27)	0.4920 (0.31)	-0.1900 (-0.12)
N	10656	10656	10656	2162	2162	2162
Pseudo - R^2	0.0847	0.0849	0.0848	0.0885	0.0885	0.0885

注：括号内的数字为 z 值；***、** 和 * 分别代表在 1%、5% 和 10% 的水平上显著。

表 5－11　董事网络位置与并购决策的 Tobit 回归结果

（基于分析师跟踪分组）

被解释变量 MA_2	(1) Degree	(2) Betweenness	(3) Closeness	(4) Degree	(5) Betweenness	(6) Closeness
	信息环境差			信息环境好		
Centrality	0.0188** (2.09)	20.0606** (2.22)	1.0110* (1.85)	0.0204 (1.48)	21.0100 (1.48)	1.3300 (1.48)
控制变量	Controlled	Controlled	Controlled	Controlled	Controlled	Controlled
Industry	Controlled	Controlled	Controlled	Controlled	Controlled	Controlled
Year	Controlled	Controlled	Controlled	Controlled	Controlled	Controlled
cons	−7.4888*** (−10.67)	−7.3756*** (−10.44)	−7.9778*** (−10.92)	−5.1655*** (−3.54)	−5.0885*** (−3.49)	−5.4044*** (−3.71)
N	12489	12489	12489	4582	4582	4582
Pseudo − R^2	0.0459	0.0459	0.0458	0.0621	0.0621	0.0621

注：括号内的数字为 z 值；***、** 和 * 分别代表在 1%、5% 和 10% 的水平上显著。

表 5－12　董事网络位置与并购决策的 Tobit 回归结果

（基于深市披露分组）

被解释变量 MA_2	(1) Degree	(2) Betweenness	(3) Closeness	(4) Degree	(5) Betweenness	(6) Closeness
	信息环境差			信息环境好		
Centrality	0.0172* (1.72)	26.5699** (2.41)	1.4813** (2.56)	−0.0104 (−0.56)	2.3780 (0.11)	−0.1070 (−0.08)
控制变量	Controlled	Controlled	Controlled	Controlled	Controlled	Controlled
Industry	Controlled	Controlled	Controlled	Controlled	Controlled	Controlled
Year	Controlled	Controlled	Controlled	Controlled	Controlled	Controlled
cons	−10.1145*** (−12.63)	−9.9632*** (−12.37)	−10.8163*** (−13.05)	−3.7124** (−2.15)	−3.5628** (−2.05)	−3.5626** (−2.02)
N	10656	10656	10656	2177	2177	2177
Pseudo − R^2	0.0521	0.0522	0.0522	0.0589	0.0588	0.0588

注：括号内的数字为 z 值；***、** 和 * 分别代表在 1%、5% 和 10% 的水平上显著。

表 5 – 13 和表 5 – 14 的被解释变量为短期并购绩效 CAR，而表 5 – 15 和表 5 – 16 则为长期并购绩效 BHAR，用以检验假设 4 是否成立。从表 5 – 13 和表 5 – 15 的整体回归结果来看，信息环境差的样本公司中，董事网络中心度系数都在 5% 水平上具有统计意义，而在信息环境好的组中都不显著。说明企业信息环境越好，董事网络发挥的作用越有限，而在企业面临的信息环境较差时，董事网络位置较高的企业能从并购中获得充分的价值提升。总而言之，这一结果显示了董事网络位置带来的信息与企业所处的信息环境具有替代效应，当正式信息弱化时，董事网络传递的非正式信息则起到举足轻重的作用。假设 4 得到验证。根据深圳证券交易所评价结果进行分组检验也得到一致性的结果，具体见表 5 – 15 和表 5 – 16。

表 5 – 13　　董事网络位置与短期并购绩效（根据分析师跟踪分组）

被解释变量 CAR	(1) Degree	(2) Betweenness	(3) Closeness	(4) Degree	(5) Betweenness	(6) Closeness
	信息环境差			信息环境好		
Centrality	0.0015*** (3.11)	0.9228** (1.96)	0.1166*** (3.73)	0.0005 (0.70)	0.3640 (0.52)	0.0077 (0.17)
控制变量	Controlled	Controlled	Controlled	Controlled	Controlled	Controlled
Industry	Controlled	Controlled	Controlled	Controlled	Controlled	Controlled
Year	Controlled	Controlled	Controlled	Controlled	Controlled	Controlled
cons	0.0406 (0.99)	0.0436 (1.06)	−0.0128 (−0.30)	−0.0284 (−0.32)	−0.0270 (−0.30)	−0.0321 (−0.36)
N	3881	3881	3881	1444	1444	1444
Adj R^2	0.1040	0.1030	0.1050	0.0214	0.0212	0.0211
F	10.840	10.690	10.940	1.700	1.695	1.690

注：括号内的数字为 t 值；***、** 和 * 分别代表在 1%、5% 和 10% 的水平上显著。

表5－14　　董事网络位置与短期并购绩效

（根据深市披露分组）

被解释变量 CAR	(1) Degree	(2) Betweenness	(3) Closeness	(4) Degree	(5) Betweenness	(6) Closeness
	信息环境差			信息环境好		
Centrality	0.0017*** (2.64)	1.3388** (2.04)	0.1367*** (3.69)	0.0014 (1.29)	1.3370 (1.12)	0.0864 (1.18)
控制变量	Controlled	Controlled	Controlled	Controlled	Controlled	Controlled
Industry	Controlled	Controlled	Controlled	Controlled	Controlled	Controlled
Year	Controlled	Controlled	Controlled	Controlled	Controlled	Controlled
cons	0.0222 (0.42)	0.0261 (0.49)	－0.0406 (－0.74)	－0.0884 (－0.77)	－0.0829 (－0.72)	－0.1050 (－0.92)
N	2930	2930	2930	777	777	777
Adj R^2	0.0998	0.0989	0.1020	0.0921	0.0916	0.0918
F	8.217	8.146	8.383	2.750	2.740	2.743

注：括号内的数字为t值；***、**和*分别代表在1%、5%和10%的水平上显著。

表5－15　　董事网络位置与长期并购绩效

（根据分析师跟踪分组）

被解释变量 BHAR	(1) Degree	(2) Betweenness	(3) Closeness	(4) Degree	(5) Betweenness	(6) Closeness
	信息环境差			信息环境好		
Centrality	0.0090** (2.28)	7.7002** (2.37)	0.7996*** (3.28)	0.0004 (0.08)	2.0430 (0.37)	0.0451 (0.12)
控制变量	Controlled	Controlled	Controlled	Controlled	Controlled	Controlled
Industry	Controlled	Controlled	Controlled	Controlled	Controlled	Controlled
Year	Controlled	Controlled	Controlled	Controlled	Controlled	Controlled
cons	0.5080 (1.64)	0.5549* (1.78)	0.1500 (0.47)	－0.1550 (－0.28)	－0.1330 (－0.24)	－0.1540 (－0.28)
N	4156	4156	4156	1549	1549	1549
Adj R^2	0.0522	0.0523	0.0535	0.0774	0.0775	0.0774
F	6.205	6.215	6.340	4.021	4.024	4.021

注：括号内的数字为t值；***、**和*分别代表在1%、5%和10%的水平上显著。

表 5-16 董事网络位置与长期并购绩效（根据深市披露分组）

被解释变量 BHAR	(1) Degree	(2) Betweenness	(3) Closeness	(4) Degree	(5) Betweenness	(6) Closeness
	信息环境差			信息环境好		
Centrality	0.0094** (1.97)	7.7925* (1.77)	0.7374*** (2.64)	0.0018 (0.20)	-1.415 (-0.15)	0.0883 (0.16)
控制变量	Controlled	Controlled	Controlled	Controlled	Controlled	Controlled
Industry	Controlled	Controlled	Controlled	Controlled	Controlled	Controlled
Year	Controlled	Controlled	Controlled	Controlled	Controlled	Controlled
cons	0.7125* (1.91)	0.7412** (1.97)	0.3660 (0.95)	1.6545** (2.20)	1.6137** (2.12)	1.6060** (2.09)
N	3422	3422	3422	686	686	686
Adj R^2	0.0500	0.0498	0.0509	0.0689	0.0689	0.0689
F	5.189	5.172	5.266	2.207	2.206	2.206

注：括号内的数字为 t 值；***、** 和 * 分别代表在 1%、5% 和 10% 的水平上显著。

第四节　稳健性检验

一、排除规模替代效应

一般来说，董事的聘任主要靠声誉机制，声誉较好的董事能获得更多有关于企业治理行为的信息和资源，以及提高在董事会的决策影响力，同时在其他企业兼任的概率也更大。因此，相较于小型企业而言，规模越大的企业越具备能力聘请网络中心位置较高的此类“优质董事”。也就是说，声誉较好的董事一般供职于大型企业，可以形成更大的网络，那么并购活动就更加频繁。

因此为了排除“董事网络与并购决策的正相关关系是企业规模导致的”可能性，我们根据样本公司的规模中位数进行分类，高于中位数的为大规模公司，反之则为小规模企业，分别检验后结果如表5-17所示［仅列示并购选择（MA_1）的结果］，发现中介中心度（Betweenness）的系数在小规模公司中并不显著，接近中心度（Closeness）的系数在大规模企业下并不显著，其他中心度系数都全部显著为正。说明结论依然稳健，与主回归结果基本一致，表现出一定程度的稳健性，排除了以上可能的规模替代性解释。

表5-17 董事网络位置与并购决策的Logit回归结果

被解释变量 MA_1	(1) Degree		(2) Betweenness		(3) Closeness	
	大规模	小规模	大规模	小规模	大规模	小规模
Centrality	0.0145* (1.92)	0.0197** (2.35)	19.3860*** (2.68)	8.1070 (0.98)	0.6090 (1.20)	0.9082** (2.11)
Tobin's Q	0.1096*** (5.25)	0.0527*** (4.71)	0.1089*** (5.21)	0.0528*** (4.72)	0.1095*** (5.25)	0.0526*** (4.70)
Size	0.1875*** (6.93)	0.4032*** (9.05)	0.1855*** (6.85)	0.4074*** (9.16)	0.1894*** (7.01)	0.4038*** (9.07)
Liquidity	-1.7629*** (-5.49)	0.4807* (1.72)	-1.7692*** (-5.51)	0.4912* (1.76)	-1.7548*** (-5.47)	0.4866* (1.74)
ROA	1.6355*** (3.13)	-1.4444*** (-3.93)	1.6461*** (3.15)	-1.4288*** (-3.89)	1.6625*** (3.19)	-1.4471*** (-3.94)
Lev	0.9438*** (6.45)	0.3134*** (2.97)	0.9494*** (6.49)	0.3132*** (2.96)	0.9467*** (6.47)	0.3125*** (2.96)
Board	-0.0232* (-1.85)	-0.0405*** (-2.69)	-0.0256** (-2.03)	-0.0377** (-2.51)	-0.0212* (-1.70)	-0.0388*** (-2.59)

续表

被解释变量 MA_1	(1) Degree		(2) Betweenness		(3) Closeness	
	大规模	小规模	大规模	小规模	大规模	小规模
Indep	-0.3330 (-0.77)	-0.1490 (-0.32)	-0.3670 (-0.85)	-0.1160 (-0.25)	-0.3180 (-0.74)	-0.1230 (-0.26)
Duality	0.0712 (1.18)	-0.1138** (-2.42)	0.0718 (1.19)	-0.1119** (-2.38)	0.0696 (1.16)	-0.1140** (-2.42)
ESH	0.3689* (1.96)	-0.3693*** (-3.27)	0.3723** (1.97)	-0.3776*** (-3.35)	0.3642* (1.93)	-0.3751*** (-3.33)
Top1	-1.1571*** (-8.36)	-1.3976*** (-9.23)	-1.1513*** (-8.32)	-1.3965*** (-9.23)	-1.1652*** (-8.43)	-1.3989*** (-9.24)
SOE	-0.6143*** (-11.62)	-0.3943*** (-7.67)	-0.6153*** (-11.64)	-0.3927*** (-7.64)	-0.6136*** (-11.60)	-0.3945*** (-7.68)
Industry	Controlled	Controlled	Controlled	Controlled	Controlled	Controlled
Year	Controlled	Controlled	Controlled	Controlled	Controlled	Controlled
cons	-3.6893*** (-6.10)	-8.0026*** (-8.37)	-3.5539*** (-5.84)	-8.0674*** (-8.43)	-4.0088*** (-6.28)	-8.4265*** (-8.73)
N	11806	10893	11806	10893	11806	10893
Pseudo-R^2	0.0768	0.0530	0.0770	0.0527	0.0766	0.0530

注：括号内的数字为 z 值；***、** 和 * 分别代表在 1%、5% 和 10% 的水平上显著。

二、变换董事网络中心度指标

为了排除因指标计算方法不同而导致回归结果的差异，我们进行如下指标替代的稳健性检验方式：将模型（5.1）与模型（5.2）的解释变量即公司层面的董事网络中心度指标替换为董事层面的网络指标，每个公司的每位董事都存在差异，一般网络层级位置较高的董事发挥主要作用，因此我们选取董事网络中心度的最大值。采用模型进行实证回归后，结果如表 5 – 18 所示（仅列示短期并购绩效 CAR 的结果，其他结果一致）。与主回归结果基本保持一致，说明主回归中选取的指标合理，本章的研究结论具有一定程度的稳健性。

表 5 – 18 董事网络位置与短期并购绩效的 OLS 回归结果

被解释变量 CAR	(1) Degree	(2) Betweenness	(3) Closeness
Centrality	0. 0002 ** (1. 98)	0. 8507 ** (2. 17)	0. 1286 *** (5. 15)
Tobin's Q	0. 0016 ** (2. 29)	0. 0016 ** (2. 29)	0. 0016 ** (2. 31)
Size	0. 0007 (0. 56)	0. 0006 (0. 52)	0. 0005 (0. 39)
Liquidity	0. 0063 (0. 45)	0. 0063 (0. 45)	0. 0049 (0. 35)
ROA	0. 0190 (0. 79)	0. 0186 (0. 77)	0. 0140 (0. 58)
Lev	−0. 0062 (−0. 94)	−0. 0060 (−0. 90)	−0. 0060 (−0. 90)
Board	0. 0010 (1. 46)	0. 0011 (1. 64)	0. 0009 (1. 37)
Indep	0. 0437 ** (2. 10)	0. 0419 ** (2. 01)	0. 0412 ** (1. 98)
Duality	−0. 0015 (−0. 58)	−0. 0015 (−0. 58)	−0. 0015 (−0. 58)
ESH	−0. 0101 (−1. 49)	−0. 0100 (−1. 48)	−0. 0096 (−1. 42)

续表

被解释变量 CAR	(1) Degree	(2) Betweenness	(3) Closeness
Top1	-0.0070 (-1.01)	-0.0070 (-1.01)	-0.0075 (-1.08)
SOE	-0.0054** (-2.18)	-0.0053** (-2.14)	-0.0057** (-2.32)
Method	-0.0283*** (-4.38)	-0.0283*** (-4.38)	-0.0286*** (-4.43)
Consultant	0.0643*** (17.39)	0.0643*** (17.40)	0.0636*** (17.21)
Industry	Controlled	Controlled	Controlled
Year	Controlled	Controlled	Controlled
cons	-0.0149 (-0.56)	-0.0137 (-0.51)	-0.0708** (-2.50)
N	6541	6541	6541
Adj R^2	0.0837	0.0838	0.0869
F	13.990	14.010	14.530

注：括号内的数字为t值；***、**和*分别代表在1%、5%和10%的水平上显著。

三、内生性问题

模型（5.2）中考虑到可能遗漏变量导致内生性问题，本章进行以下处理：首先，使用公司层面的固定效应模型控制同时影响公司治理和并购的潜在因素，进行固定效应回归后结果如表5-19所示。结果中，除了接近中心度（Closeness）与短期并购绩效（CAR）的关系并不显著外，其他两个中心度的结果依然不变，说明可能存在较低程度的内生性问题，但是并不足以改变本书的研究结论。

表 5-19　　固定效应模型回归结果

被解释变量 Pref	CAR			BHAR		
	(1) Degree	(2) Betweenness	(3) Closeness	(4) Degree	(5) Betweenness	(6) Closeness
Centrality	0.0019*** (3.56)	1.3552*** (2.81)	0.0127 (0.81)	0.0136*** (3.27)	6.6143** (2.21)	0.4236*** (4.26)
Tobin's Q	0.0035*** (3.66)	0.0035*** (3.69)	0.0036*** (3.76)	0.0033 (0.49)	0.0031 (0.46)	0.0071 (1.03)
Size	0.0021 (1.02)	0.0037* (1.83)	0.0034* (1.72)	-0.1527*** (-9.43)	-0.1371*** (-8.86)	-0.1405*** (-9.08)
Liquidity	0.0026 (0.14)	0.0023 (0.13)	0.0029 (0.16)	0.0641 (0.52)	0.0639 (0.52)	0.0795 (0.65)
ROA	0.0245 (0.73)	0.0191 (0.57)	0.0250 (0.74)	0.5998*** (3.08)	0.5774*** (2.96)	0.6040*** (3.10)
Lev	-0.0083 (-0.66)	-0.0096 (-0.76)	-0.0095 (-0.75)	0.3694*** (4.36)	0.3576*** (4.22)	0.3750*** (4.43)
Board	0.0020 (1.49)	0.0019 (1.39)	0.0023* (1.75)	-0.0109 (-1.16)	-0.0107 (-1.13)	-0.0097 (-1.03)
Indep	0.0709* (1.87)	0.0697* (1.84)	0.0786** (2.08)	0.8852*** (3.25)	0.8954*** (3.28)	0.9375*** (3.45)
Duality	0.0060 (1.30)	0.0064 (1.39)	0.0061 (1.33)	0.0003 (0.01)	0.0018 (0.05)	-0.0021 (-0.06)
ESH	0.0393* (1.65)	0.0428* (1.80)	0.0417* (1.75)	0.2720 (1.21)	0.2610 (1.15)	0.2910 (1.29)
Top1	-0.0097 (-0.52)	-0.0093 (-0.50)	-0.0099 (-0.53)	0.0544 (0.42)	0.0384 (0.30)	0.0027 (0.02)
SOE	-0.0022 (-0.25)	-0.0021 (-0.25)	-0.0030 (-0.34)	0.0949* (1.76)	0.0891* (1.65)	0.0902* (1.68)
Method	-0.0308*** (-3.79)	-0.0304*** (-3.73)	-0.0308*** (-3.78)	-0.0096 (-0.20)	-0.0085 (-0.17)	-0.0087 (-0.18)

续表

被解释变量 Pref	CAR			BHAR		
	(1) Degree	(2) Betweenness	(3) Closeness	(4) Degree	(5) Betweenness	(6) Closeness
Consultant	0.0673*** (14.91)	0.0686*** (15.23)	0.0682*** (15.07)	0.0196 (0.58)	0.0256 (0.76)	0.0110 (0.33)
Fixed effect	Yes	Yes	Yes	Yes	Yes	Yes
cons	-0.0682 (-1.36)	-0.0971** (-1.96)	-0.0982** (-1.98)	2.6464*** (6.99)	2.3514*** (6.43)	2.3578*** (6.45)
N	6541	6541	6541	7602	7602	7602
Adj R^2	0.0763	0.0752	0.0737	0.0231	0.0221	0.0245
F	25.540	25.170	24.610	9.209	8.785	9.753

注：括号内的数字为 t 值；***、** 和 * 分别代表在 1%、5% 和 10% 的水平上显著。

其次，使用两阶段回归模型。由于董事网络中心度变量很难找到合适的工具变量，因此，本书借鉴陈运森和谢德仁（2011）的处理方法，运用代理变量的两阶段最小二乘法，即不对现有的解释变量处理，而是从原模型的残差中拟合出有用信息后再次进行第二阶段的回归分析。具体做法如下：第一阶段，先用董事网络中心度与影响网络位置的公司层面变量即成长机会、企业规模、流动能力、盈利能力和资产负债率，以及两职兼任、董事会规模、独立董事比例、管理层持股比例、产权性质、第一大股东持股比例、并购对价方式和财务顾问等进行回归，具体结果见表 5-20。接着拟合残差值，并将其作为董事网络中心度的代理变量放入第二阶段的回归分析中。第二阶段的实证结果见表 5-21，发现所有中心度的系数都显著为正，说明代理变量的两阶段回归结果与主回归基本一致，研究结论具有稳健性。

表 5-20 两阶段最小二乘法回归结果（第一阶段）

被解释变量	CAR			BHAR		
Centrality	(1) Degree	(2) Betweenness	(3) Closeness	(4) Degree	(5) Betweenness	(6) Closeness
Tobin's Q	-0.0032 (-0.14)	0.0000* (1.77)	0.0001 (0.40)	0.0229 (1.08)	0.0001** (2.48)	0.0006* (1.86)
Size	0.2414*** (5.97)	0.0003*** (7.38)	0.0031*** (4.85)	0.2446*** (6.94)	0.0003*** (7.62)	0.0031*** (5.39)
Liquidity	0.6330 (1.33)	0.0005 (1.08)	0.0113 (1.51)	0.9449** (2.29)	0.0011** (2.26)	0.0045 (0.68)
ROA	2.8326*** (3.47)	0.0023*** (2.71)	0.0520*** (4.05)	1.5969*** (2.59)	0.0011 (1.46)	0.0296*** (2.94)
Lev	0.0910 (0.40)	-0.0002 (-1.05)	-0.0007 (-0.21)	-0.0239 (-0.13)	-0.0003 (-1.59)	-0.0027 (-0.90)
Board	0.2841*** (12.86)	0.0003*** (14.55)	0.0030*** (8.72)	0.2797*** (14.48)	0.0004*** (15.55)	0.0029*** (9.10)
Indep	2.6810*** (3.79)	0.0049*** (6.70)	0.0315*** (2.83)	3.7347*** (5.68)	0.0066*** (8.51)	0.0425*** (3.96)
Duality	-0.0583 (-0.68)	-0.0001 (-1.34)	-0.0010 (-0.73)	-0.0508 (-0.65)	-0.0002* (-1.66)	-0.0012 (-0.96)
ESH	-0.8191*** (-3.57)	-0.0007*** (-3.06)	-0.0061* (-1.68)	-0.5525*** (-2.61)	-0.0007*** (-2.92)	-0.0027 (-0.79)
Top1	-0.363 (-1.54)	-0.0004* (-1.70)	0.0023 (0.61)	0.1050 (0.49)	-0.0002 (-0.91)	0.0033 (0.95)
SOE	0.2640*** (3.15)	0.0003*** (3.01)	0.0048*** (3.67)	0.3660*** (4.92)	0.0003*** (3.46)	0.0061*** (5.06)
Method	0.1610 (0.73)	0.0002 (0.86)	0.0056 (1.62)	0.3501** (2.10)	0.0003* (1.71)	0.0049* (1.79)
Consultant	0.2592** (2.07)	0.0001 (1.11)	0.0053*** (2.70)	-0.0989 (-0.82)	-0.0001 (-0.86)	0.0019 (0.98)

续表

被解释变量 Centrality	CAR			BHAR		
	(1) Degree	(2) Betweenness	(3) Closeness	(4) Degree	(5) Betweenness	(6) Closeness
Industry	Controlled	Controlled	Controlled	Controlled	Controlled	Controlled
Year	Controlled	Controlled	Controlled	Controlled	Controlled	Controlled
cons	-6.0558*** (-6.69)	-0.0127*** (-13.51)	0.3698*** (25.98)	-6.8108*** (-8.84)	-0.0137*** (-15.13)	0.3632*** (28.89)
N	6541	6541	6541	7602	7602	7602
Adj R^2	0.1760	0.1100	0.7170	0.1600	0.0990	0.7550
F	32.160	18.920	368.400	34.640	20.420	547.000

注：括号内的数字为 t 值；***、** 和 * 分别代表在 1%、5% 和 10% 的水平上显著。

表 5-21　两阶段最小二乘法回归结果（第二阶段）

被解释变量 Pref	CAR			BHAR		
	(1) Degree	(2) Betweenness	(3) Closeness	(4) Degree	(5) Betweenness	(6) Closeness
Centrality *	0.0012*** (3.22)	0.6906* (1.96)	0.0861*** (3.71)	0.0076*** (2.61)	4.1131* (1.67)	0.4779*** (2.70)
Tobin's Q	0.0016** (2.36)	0.0016** (2.36)	0.0016** (2.36)	0.0255*** (4.77)	0.0255*** (4.77)	0.0255*** (4.77)
Size	0.0008 (0.67)	0.0008 (0.67)	0.0008 (0.67)	-0.0378*** (-4.27)	-0.0378*** (-4.26)	-0.0378*** (-4.27)
Liquidity	0.0062 (0.44)	0.0062 (0.44)	0.0062 (0.44)	0.2492** (2.40)	0.2492** (2.40)	0.2492** (2.40)
ROA	0.0198 (0.82)	0.0198 (0.82)	0.0198 (0.82)	0.8180*** (5.27)	0.8180*** (5.27)	0.8180*** (5.27)
Lev	-0.0061 (-0.91)	-0.0061 (-0.91)	-0.0061 (-0.91)	0.1632*** (3.57)	0.1632*** (3.57)	0.1632*** (3.57)

续表

被解释变量 Pref	CAR			BHAR		
	(1) Degree	(2) Betweenness	(3) Closeness	(4) Degree	(5) Betweenness	(6) Closeness
Board	0.0012 * (1.87)	0.0012 * (1.87)	0.0012 * (1.87)	0.0036 (0.75)	0.0036 (0.75)	0.0036 (0.75)
Indep	0.0442 ** (2.12)	0.0442 ** (2.12)	0.0442 ** (2.12)	0.2480 (1.50)	0.2480 (1.50)	0.2480 (1.50)
Duality	-0.0015 (-0.61)	-0.0015 (-0.61)	-0.0015 (-0.61)	0.0078 (0.39)	0.0078 (0.39)	0.0078 (0.39)
ESH	-0.0102 (-1.50)	-0.0102 (-1.50)	-0.0102 (-1.51)	0.1828 *** (3.43)	0.1828 *** (3.43)	0.1828 *** (3.43)
Top1	-0.0073 (-1.06)	-0.0073 (-1.06)	-0.0073 (-1.06)	0.2028 *** (3.77)	0.2028 *** (3.77)	0.2028 *** (3.77)
SOE	-0.0051 ** (-2.05)	-0.0051 ** (-2.04)	-0.0051 ** (-2.05)	-0.0154 (-0.82)	-0.0154 (-0.82)	-0.0154 (-0.82)
Method	-0.0283 *** (-4.38)	-0.0283 *** (-4.38)	-0.0283 *** (-4.38)	-0.0627 (-1.50)	-0.0627 (-1.50)	-0.0627 (-1.50)
Consultant	0.0643 *** (17.39)	0.0643 *** (17.38)	0.0643 *** (17.39)	0.0844 *** (2.79)	0.0844 *** (2.79)	0.0844 *** (2.79)
Industry	Controlled	Controlled	Controlled	Controlled	Controlled	Controlled
Year	Controlled	Controlled	Controlled	Controlled	Controlled	Controlled
cons	-0.0206 (-0.77)	-0.0206 (-0.77)	-0.0206 (-0.77)	0.4181 ** (2.16)	0.4181 ** (2.16)	0.4181 ** (2.16)
N	6541	6541	6541	7602	7602	7602
Adj R^2	0.0846	0.0837	0.0851	0.0484	0.0479	0.0484
F	14.140	13.990	14.220	9.780	9.683	9.791

注：括号内的数字为 t 值；***、** 和 * 分别代表在 1%、5% 和 10% 的水平上显著。带有 * 标志的变量是第一阶段线性回归（OLS）结果的预测值，作为第二阶段的对应解释变量。

第五节　本章小结

本章基于信息不对称理论，借鉴社会学方法中的网络分析技术，先从并购事前出发，探究董事网络位置是否影响企业并购决策，并进一步实证检验了并购事后，董事网络位置是否对并购绩效具有促进作用。本书以 2004—2016 年我国沪深 A 股上市公司为样本，最终获得样本企业数共计 25401 个，包括 15377 个并购样本和 10024 个非并购样本，实证检验董事在网络框架下对企业并购决策及并购绩效的影响，并根据信息环境的不同进一步探究以上关系是否具备一致性。研究结果表明，首先，董事网络中心度与企业并购决策正相关，董事网络的中心位置意味着企业董事拥有最大限度获取信息的能力，降低信息不对称程度，以便及时把握重大投资机遇并作出科学决策。其次，社会网络传递的有效信息有助于董事更好发挥咨询建议功能，最终获得更好的并购绩效，即董事网络中心度与企业并购绩效正相关。董事网络层级越高，意味着该董事拥有越多的信息传播渠道，进而加强董事在并购过程中的咨询建议功能，对提升并购绩效起到正向的促进作用。但是，董事网络的信息传递属于一种非正式信息渠道，其作用受到企业所处信息环境的影响。在信息环境较差时，董事无法从正式信息渠道获取所需信息，董事网络位置对并购决策与并购绩效的正向影响会加强。而当信息环境较好时，董事网络位置对并购决策与并购绩效的正向影响会被削弱（统计上表现为不正向显著）。最后，本书在稳健性检验中考虑了规模替代效应和指标替代问题，同时也考虑到可能遗漏变量导致的内生性问题，分别进行了固定效应回归（FE）和代理变量的两阶段最小二乘法(2SLS)，证明以上研究结论稳健。

研究结论表明，企业董事网络位置是企业非正式信息的重要来源，是发挥董事会咨询职能的重要信息来源与渠道支撑，为企业重大战略性并购决策以及规模扩张后的价值创造发挥积极的促进作用；说明在董事会构建与成员选聘的过程中，董事的社会网络位置成为企业应当予以考虑的重要因素之一，它与企业的战略决策、持续发展与未来收益息息相关。同时，由于我国资本市场发展不全面、不成熟的现实情况，因而目前我国企业所处的信息环境较差，与西方发达国家所处的成熟资本市场相比，面临的信息不对称问题较为严重，这就更加需要董事与董事之间的社会网络关系这一非正式传播渠道为企业传递有效信息保驾护航。

第六章　董事经验与企业并购行为研究

并购活动是一项涉及金额巨大、复杂程度较高的专业性投资决策，专业的知识背景和丰富的从业经验是取得成功与创造价值的关键所在（姜付秀和黄继承，2013）。如果在某一个领域任职时间较长，则很容易积累专业知识和形成选择性认知，对该领域的信息解读则会更加全面、细致、有效，从而决策更加具备合理性（Hitt 和 Tyler，1991）。本章提出并尝试探索以下问题：如果董事曾经在本企业或者其他企业有过并购经历，那么过去的并购经验是否会影响当前企业的并购行为？当董事并购经验质量较好时，董事并购经验质量对目前企业的并购绩效起到什么作用？如果存在以上影响，那么在不同的约束条件下，即面对不同程度信息不对称（不同的信息环境），是否会改变以上关系？基于此，本章以 2010—2016 年沪深 A 股非金融业上市公司为样本，通过追踪企业内部重要成员——董事会成员过去 6 年并购经验这类“特殊”信息，研究对企业事先并购决策与事后并购绩效的影响；在此基础上，再考察信息环境差异对以上关系的影响。

第一节　理论分析与研究假设

一、董事经验与并购决策

并购决策作为一项非常复杂的战略选择，涉及大量不确定因素，这给制定并购决策的董事会提出重大挑战，不确定性且模糊性信息使企业必须在相当长的时间内不断对目标公司进行评估。主并公司通过重新有效调配资源，目标公司的价值可能会随时间而增加（Capron，1999），也可能由于文化冲突和员工离职而下降。因此有效的并购决策要求企业就各种未来情景进行动态思考，并且并购过程中预测长期后果的能力对洞悉并购是否将最终创造价值至关重要。群体决策理论认为，群体决策的质量在一定程度上由成员共同拥有相关生产资源的程度决定，其中知识资源尤为重要，团体成员拥有相对较高水平的专业知识可以做出更优的决策（Kerr 和 Tindale，2004）。因此，具有较多并购专业知识的董事能管理并购决策时固有的大量复杂信息，区分决策相关信息，从而识别和选择目标公司，避免不良并购。相关学者通常将群体经验和专业知识定义为群体成员的经验或专长的总和（Reagans等，2005）。那么董事会如何获得并购专业知识？目前研究强调经验在专业知识发展中的作用，制定某种决策所需的专业知识来源于此类型的特定经验。随着在特定领域经验不断增长，决策者积累了关于该领域的专业知识（Ericsson 和 Lehmann，1996），并会在其战略活动中重复其经营，反过来引导企业的行为，即相关经验越丰富，之后的战略活动越可能重复（Gulati，1995）。

哈福德和舍恩劳（Harford 和 Schonlau，2013）提供证据表明并购经验在董事劳动力市场中得到重视。如果董事曾经参与过并购，在本企业的聘任期结束之后，可能获得更多的董事会席位。此外，企业聘任这类董事后发生并购的可能性较大，说明董事的并购经验受到企业的青睐，是重要的并购经验来源（Harford和Schonlau，2013），企业招聘这类董事以获得以往并购经验。哈利布利安等（Haleblian等，2006）、艾耶尔和米勒（Iyer和Miller，2008）研究发现，企业以往的并购经验与并购决策显著正相关。因此，企业考虑是否进行并购这类战略抉择时，董事先前的并购经验能使现有企业出现更多与实施并购战略决策相关的管理程序，无论过往并购经验的质量优劣与否，都会加大当前企业进行并购的概率。如此循环，董事并购经验不断处于丰富之中，同时并购相应的管理程序也在不断改进，从而提升企业并购成功率。根据以上分析，我们提出本书假设5：

假设5：在其他条件相同的情况下，与没有并购经验的董事相比较，具有并购经验的董事有利于企业并购决策的制定，即董事并购经验与企业并购决策呈正相关关系。

二、董事经验质量与并购绩效

以往研究并购的文献都始终将企业并购绩效视为结果变量，并且已经研究了企业、交易和行业特征等对并购结果的影响（Capron和Pistre，2010），本书将董事以往的并购绩效视为一个影响因素。根据学习效应，董事往往会从过去的经验中学习谈判策略、并购前的准备工作和并购后的整合工作等专业操作。也就是说，董事的并购经验越丰富，则能提供的咨询建议服务越多，企业并购决策更加合理、有效，从而对当前企业的并购绩效也具有正向影响。同时，董事并购经验越丰富，则隐性的并购能力越强，在对目标公司准确定位及估价之后，为主并公司成功并购提供关键性的资料和决策依据。主并公司一旦获取和吸收针对性的并购资源和经验，其辨识并购标的、并购交易谈判和并购整合的效率都可能会提升，从而对并购绩效的提高产生积极影响。因此，董事并购经验对主并公司来说是非常重要的宝贵资源。

值得注意的是，董事以往的并购案例中，既有成功的经验，也有失败的教训。相关学者发现，董事先前并购质量较好时可以避免价值毁损型并购，董事并购经验对协同效应的积极影响也主要归功于先前价值创造型的并购经验。同时经历丰富的董事可能有助于目标整合，当选择具有更高要素生产率的目标公司时，在很大程度上取决于董事过往参与并购的质量（Field 和 Mkrtchyan，2017）。程兆谦（2011）认为，我国企业目前处于并购经验研究的第二阶段，第一阶段主要采用学习曲线模型阐明并购经验与并购绩效间存在的联系，主要重视并购经验的次数，通过“干中学”的途径进行并购经验的积累。而第二阶段中的权变模型成为现阶段的主要模型，更加强调并购经验质量对于学习效果的影响，企业必须进行刻意学习才能培养并发展自己的并购和整合能力。总而言之，企业不仅重视董事过去的并购次数，而且越来越重视并购质量的重要作用。董事先前并购质量越好，对现有企业的并购越能起正向引导作用。基于以上分析，我们提出本书假设 6：

假设 6：在其他条件相同的情况下，优质的并购经验有利于企业并购绩效的提升，即董事并购经验质量与企业并购绩效呈正相关关系。

三、信息环境的作用

根据组织学习理论，知识是由经验转化而来的，这种知识能够在组织内部进行存储，当企业需要此类知识性信息时，则会调动该信息资源，从而正确规范和指导企业行为（Huber，1991）。

麦克唐纳等（Mcdonald 等，2008）进行了更为细致的研究，结论也支持这一观点。如果董事具有较为完备和丰富的并购专业知识，则在制定并购决策时具有更多的优势，特别是在处理复杂并购问题时更加得心应手，从而最终实现并购价值的创造。同时以往的研究发现，环境特征在经验学习中起到重要的作用（March，1991），董事经验是否发挥作用与企业的信息环境有关，因此本书进一步考察信息环境差异下董事经验对并购产生何种影响。当企业的信息环境较好时，董事可以从自身信息环境中提取有效信息，此时董事经验的重要性作用会被削弱。但是现实情况是企业所处的信息环境是有差异的，当企业面临较差的信息环境时，董事并购经验会发挥关键性作用。从信息传递角度来看，如果董事具备较强的并购经验，则会改善企业的信息环境，缩小企业内部以及企业内部与外部之间的信息传递偏差。具体来说，从经验中获得的并购知识能在潜移默化中逐步形成制度化的惯例，减少一系列并购管理过程各环节中所花费的时间，如搜索和选择目标企业、寻求外部资源支持（Hitt 等，2001）、确定最优的整合水平（Vermeulen 和 Barkema，2001）、凝聚团队力量等，提高并购的成功率；同时，丰富的并购经验使企业有机会改进和精炼已有的并购惯例，培育出更强的并购能力，并将它们运用于目前企业的并购决策。进一步地，如果企业面临较为严重的信息不对称，则较优的董事并购经验质量更是能缓解由于信息环境较差带来的不利影响，有利于企业的价值创造。基于以上分析，我们提出本书假设 7 和假设 8：

假设 7：在其他条件相同的情况下，董事并购经验有助于上市公司执行并购决策，这在信息环境越差的公司中更加明显。

假设 8：董事并购经验质量对并购绩效的正向作用在企业信息环境越差时会加强。

第二节　研究设计

一、样本选取与数据处理

由于从2004年开始，我国上市公司并购交易的信息披露数据才相对完整，且本章需要追踪董事过去6年是否具有并购经验的数据，因此选取2010—2016年沪深两市A股上市公司作为初始研究样本。筛选样本公司的具体方法如下：（1）根据数据的可获得性，选择主并方（并购方）为上市公司的样本企业，剔除非上市公司样本；（2）选取并购交易成功的并购事件；（3）如果同一家上市公司在同一年宣告两笔或者两笔以上针对同一家目标公司的并购交易，则合并为一例并购事件；（4）剔除ST类和终止上市的公司；（5）剔除金融行业；（6）选择上市公司的狭义并购行为，包括资产并购、股权转让和吸收合并等，剔除广义形式的并购活动。最后，如果某个指标存在缺失值，则通过年报予以补充；如年报中也无法查找到，则剔除该样本。经过以上步骤，最终得到17047个样本公司，11039家企业为并购样本，6008家企业为非并购样本。

本章数据来源于国泰安（CSMAR）数据库，并购数据来自上市公司并购重组研究数据库，董事会成员兼任信息主要来自上市公司人物特征数据库和治理结构数据库，董事个人简历信息主要通过巨潮资讯网站和新浪财经网站进行比对。统计分析软件为Stata14.0。同时本书对主要连续变量进行了上下1%水平的缩尾处理（Winsorize），以消除离群值影响。

二、模型设定与变量说明

建立模型（6.1）和模型（6.2）以验证假设5和假设6：

$$MA_t = \alpha_0 + \alpha_1 Experience_t + \alpha_2 Tobin's\ Q_t + \alpha_3 Size_t + \alpha_4 Liquidity_t + \alpha_5 ROA_t + \alpha_6 Lev_t + \alpha_7 Board_t + \alpha_8 Indep_t + \alpha_9 Duality_t + \alpha_{10} SOE_t + \alpha_i Industry_t + \alpha_j Year_t + \varepsilon \quad (6.1)$$

$$Perf_t = \beta_0 + \beta_1 Quality_t + \beta_2 Tobin's\ Q_t + \beta_3 Size_t + \beta_4 Liquidity_t + \beta_5 ROA_t + \beta_6 Lev_t + \beta_7 Board_t + \beta_8 Indep_t + \beta_9 Duality_t + \beta_{10} SOE_t + \beta_{11} Method_t + \beta_{12} Consultant_t + \beta_i Industry_t + \beta_j Year_t + \varepsilon \quad (6.2)$$

其中，模型（6.1）分别使用Logit模型和Tobit模型，模型（6.2）为OLS模型。本书首先利用模型（6.1）来检验董事并购经验与企业并购决策的关系，即验证本书假设5是否成立；其次，使用模型（6.2）验证董事并购经验质量与企业并购绩效的关系，证明假设6的结论。最后，根据信息环境变量分组，观察不同信息环境下，董事经验对并购决策、董事经验质量对并购绩效的作用是否存在差异，证明假设7和假设8的结论。

在模型（6.1）中，被解释变量为并购决策变量MA（Malmendier和Tate，2008；姜付秀等，2009；万良勇和胡璟，2014；陈仕华等，2015；林钟高等，2016），本章设置两个指标测量并购决策：①并购选择（MA_1）：如果该公司在某一年发生并购，则当年的MA取值为1，否则为0。②并购次数（MA_2）：样本公司每年发生的并购次数合计。

在模型（6.2）中，被解释变量Perf包括短期并购绩效（CAR）和长期并购绩效（BHAR）。短期并购绩效（CAR）为并购首次宣告日前后一段时间内的股票价格的累计超额收益率，BHAR衡量的是持有某企业股票期间，该企业股票收益率超过市场组合收益率的大小。具体定义与计算方式与第五章相同。同时由第五章的表5－1可知，并购首次公告日之前的第2天到并购公告日之后的第3天，这段时间的平均超额收益率在1%水平显著异于零，因此本书计算并购事件累计超额收益率（CAR）的窗口选择［－2，3］。

Experience为董事并购经验变量（Kroll等，2008；Field和Mkrtchyan，2017；吴建祖和陈丽玲，2017）[①]，本章设置2个指标衡量董事并购经验：①董事并购经验百分比（Experience_1），在任期内的所有董事在本公司本次并购事件发生之前参与并购的平均并购次数。计算公式为：

$$Experience\_1 = \sum_{i=1}^{D} A_i/D \tag{6.3}$$

如果董事i在过去6年参与了至少1次并购，A_i为1，否则为0；D为董事会人数。首先，统计出每位董事在本次并购之前6年内参与的并购次数之和，得到每位董事过去6年的并购经验。其次，累加每位董事的并购经验，得到整体董事会的并购经验。最后，用累加数除以董事会成员人数，即为董事并购经验百分比。②董事并购经验次数（Experience_2）：样本公司的董事会成员在之前6年所有并购总次数之和，计算公式为：

$$Experience\_2 = \sum_{i=1}^{D} NA_i \tag{6.4}$$

NA_i是董事i过去6年中参与的并购总次数，D为董事人数。

Quality为董事先前并购经验质量，设置2个指标衡量董事并购经验质量（Field和Mkrtchyan，2017）：①MCAR，即董事在过

① Field和Mkrtchyan（2017）的董事并购经验变量的衡量时间为10年。根据我国的公司法，董事和独立董事一届任期都为3年，董事可以连任，独立董事最多连任两届，因此本书结合我国的实际情况将并购经验变量的测量时间修正为6年。

去6年参与所有并购的累计异常收益率CAR的中值。②将董事过去6年的并购次数进行分解，拆分为并购绩效为正的并购次数和并购绩效为负的并购次数，称过去6年中并购绩效CAR为正的并购经历为质量好的并购经验，反之为质量较差的并购经验。定义变量Positive为每一位董事过去6年中CAR出现正值次数的百分比，反之定义变量Negative为每一位董事过去6年中CAR出现负值次数的百分比。

Information为企业信息环境变量，用分析师跟踪数量（Lang等，2003；潘越等，2011；吴战篪和李晓龙，2015；黄灿等，2017）和深圳证券交易所对上市公司信息披露考评结果（曾颖和陆正飞，2006；方军雄，2007；陈小林和孔东民，2012）作为分组变量，分别进行检验。

Control为控制变量[①]。借鉴现有研究（Hayward和Hambrick，1997；郭冰等，2011；吴超鹏等，2008；Field和Mkrtchyan，2017），模型（6.1）选择如下控制变量：成长机会（Tobin's Q），即（短期债务+长期债务+优先股+股权市场价值）÷总资产的账面价值；企业规模（Size），即总资产对数；流动能力（Liquidity），即经营性现金流量净额除以总资产；盈利能力（ROA），净利润除以总资产；资产负债率（Lev），总负债的账面价值与总资产的账面价值的比率；董事会规模（Board），所有董事人数之和；独立董事比例（Indep），独立董事人数除以董事会人数之和；两职兼任（Duality），若总经理与董事长为同一人为1，否则为0；产权性质（SOE），国有为1，非国有为0。本书还设置了年度（Year）虚拟变量和行业（Industry）虚拟变量，用来控制不同年

① 本章也试着控制了管理层的平均年龄和性别比例等个人特征，高管过度自信及市场化指数，但是并没有影响本书的结论。

度和行业特殊性对研究结果的影响。行业划分是依照中国证监会《上市公司行业分类指引》（2012），同时考虑到制造业的数量和差异，因此按照二级代码分类，其他行业按一级代码。若为该行业，取值为1，否则为0。

模型（6.2）在以上变量的基础上还设置了影响企业并购绩效的两个变量，即并购对价方式（Method）和财务顾问（Consultant）。并购对价方式（Method），现金对价方式为1，否则为0；财务顾问（Consultant），主并公司如果聘请财务顾问，则为1，否则为0。

本章主要变量定义及计算方法见表6-1。

表6-1　变量定义表

变量类型	变量符号	变量名称	变量定义或计算
被解释变量	MA	并购决策	①并购选择（MA_1）：样本公司是否执行并购决策，如果该公司在样本期间发生并购，则取值为1，否则为0； ②并购次数（MA_2）：样本公司每年发生的并购次数合计
	CAR	短期并购绩效	并购宣告前后［-2，3］窗口计算累计超额收益率
	BHAR	长期并购绩效	购买并持有公司股票24个月，公司股票收益率超过对应市场组合的收益率
解释变量	Experience	董事并购经验	①董事并购经验百分比（Experience_1），即样本公司的董事会成员在之前6年至少参加一次并购之和，除以董事会成员人数； ②董事并购经验次数（Experience_2），即样本公司的董事会成员在之前6年所有并购总次数之和

续表

变量类型	变量符号	变量名称	变量定义或计算
解释变量	Quality	董事并购经验质量	①MCAR，即董事在过去6年参与所有并购的累计异常收益率CAR的中值； ②Positive为每一位董事过去6年中CAR出现正值次数的百分比，代表较好的并购经验质量；Negative为每一位董事过去6年中CAR出现负值次数的百分比，代表较差的并购经验质量
分组变量	Information	信息环境	①Ln(1+分析师跟踪数量)，超过75%分位数设定为信息环境好的组，反之为信息环境差的组； ②根据深圳证券交易所的上市公司信息披露指数，优秀组为信息环境好的组，其他为信息环境差的组
控制变量	Tobin's Q	成长机会	(短期债务+长期债务+优先股+股权市场价值)÷总资产的账面价值
	Size	企业规模	总资产的自然对数
	Lev	资产负债率	总负债的账面价值/总资产的账面价值
	Liquidity	流动能力	经营性现金流量净额/总资产
	ROA	盈利能力	净利润/总资产
	Board	董事会规模	所有董事人数之和
	Duality	两职兼任	董事长与总经理是否为同一人，是为1，否为0
	Indep	独立董事比例	独立董事人数/董事会人数之和
	SOE	产权性质	国有为1，否则为0
	Method	并购对价方式	采取现金对价方式为1，其他为0
	Consultant	财务顾问	聘请财务顾问时为1，其他为0
	Industry	行业	行业虚拟变量
	Year	年份	以样本区间为基准，设置年度虚拟变量

第三节　实证检验与结果分析

一、描述性统计分析

表6－2为本章主要变量的描述性统计，2010—2016年，企业并购决策（MA_1）的均值为0.648，相较于第五章的均值0.605，说明本章全体样本公司中进行并购的概率更高，达到64.8%。同时并购次数（MA_2）的均值为1.606，中位数为1，说明大部分企业平均每年并购至少一次，近年来资本市场中并购重组现象更为普遍。相应地，短期并购绩效（CAR）均值增至0.018，标准差为0.092，说明分布更为稳定，企业受到并购市场的认可。长期并购绩效（BHAR）均值为－0.101，极值差异较大，最大值为2.821，最小值为－1.711，中位数为－0.128，样本公司的长期并购绩效总体而言较差。

表6－2　　主要变量的描述性统计

变量	N	平均值	标准差	最小值	最大值	25%分位数	中位数	75%分位数
MA_1	17047	0.648	0.478	0	1	0	1	1
MA_2	17047	1.606	1.919	0	9	0	1	2
CAR	3720	0.018	0.092	－0.160	0.397	－0.032	0.0001	0.043
BHAR	3243	－0.101	0.666	－1.711	2.821	－0.421	－0.128	0.112
Experience_1	16995	0.778	0.330	0	1	0.583	1	1
Experience_2	17047	59.34	48.31	0	233	23	48	84
MCAR	3720	0.013	0.073	－0.157	0.323	－0.026	0.004	0.039
Positive	3720	0.515	0.384	0	1	0	0.500	1

续表

变量	N	平均值	标准差	最小值	最大值	25%分位数	中位数	75%分位数
Negative	3720	0.485	0.384	0	1	0	0.500	1
Information	13341	2.164	0.835	0.693	4.943	1.694	2.197	2.794
Tobin's Q	16201	2.713	2.637	0.084	15.670	1.042	1.904	3.406
Size	17046	21.930	1.292	19.240	25.840	21.000	21.77	22.660
Liquidity	17046	0.041	0.075	-0.201	0.249	0.001	0.041	0.084
ROA	17047	0.048	0.057	-0.154	0.232	0.016	0.042	0.076
Lev	17047	0.428	0.222	-0.195	0.951	0.247	0.417	0.599
Board	17032	8.726	1.728	5	15	8	9	9
Indep	16995	0.373	0.053	0.333	0.571	0.333	0.333	0.429
Duality	16864	0.261	0.439	0	1	0	0	1
SOE	17047	0.388	0.487	0	1	0	0	1
Method	3720	0.977	0.151	0	1	1	1	1
Consultant	3720	0.113	0.317	0	1	0	0	0

董事并购经验百分比（Experience_1）的均值为0.778，中位数为1，说明董事具有并购经验非常常见，平均77.8%的企业董事具有并购经验，半数以上的企业董事具有经验的概率更是高达100%。董事并购经验次数（Experience_2）的均值为59.34，说明董事会总体成员在之前6年间的平均并购次数为59.34次。董事先前并购经验质量（Quality）中，MCAR的均值为0.013，同时董事经验正值百分比（Positive）均值为0.515，对应的董事经验负值百分比（Negative）均值为0.485，说明超过一半的董事并购质量较好，而其他48.5%的董事则并购质量较差。信息环境变量（Information）的均值为2.164。

控制变量中，成长机会的均值为2.713，25%分位数大于1；企业规模均值为21.93；流动能力均值为4.1%，标准差为0.075；盈利能力均值为4.8%；资产负债率均值为42.8%，债务融资比例有所下降，说明企业考虑多项融资方式。董事会成员均值接近9人，独立董事比例均值为37.3%，两职兼任的均值为0.261。产权性质均值为38.8%，说明这一样本期间的国有企业比重有所降低。并购对价方式均值为0.977，25%分位数为1，说明我国上市公司在并购时几乎采取现金对价方式；并购方在交易过程中聘请财务顾问均值为11.3%，中位数和75%分位数都为0，说明样本期间的大部分公司在并购时依然倾向于不聘用财务顾问。

表6-3为董事并购经验分组统计表，Panel A和Panel B分别根据董事并购经验百分比（Experience_1）和董事并购经验次数（Experience_2）将公司分为5个等级，其中Quintile 1表示过去6年中并购经验最少的企业，Quintile 5则表示并购经验最多的企业。由表6-3可知，599家公司的董事之前没有参与过并购活动，对Quintile 2，董事会所有成员之前6年参与并购之和将近2次，平均8.77%的董事曾经参与并购。对Quintile 5，董事会所有成员之前6年参与并购之和将近68次，平均来说，这类公司的董事100%参与了其他公司的并购。

表6-3　　董事经验变量分组统计表

Panel A	Quintile 1 (0%)	Quintile 2 (≤20%)	Quintile 3 (≤33%)	Quintile 4 (≤50%)	Quintile 5 (>50%)
董事并购经验百分比(Experience_1)的均值（中位数）	0 (0)	8.77% (11.11%)	14.15% (14.29%)	20.99% (22.22%)	94.43% (100%)
企业数目	599	1850	2813	3857	13138

续表

Panel B	Quintile 1 (0)	Quintile 2 (1-2)	Quintile 3 (3-5)	Quintile 4 (6-9)	Quintile 5 (>10)
董事并购经验次数 (Experience_2) 的均值（中位数）	0 (0)	1.54 (2)	4.02 (4)	7.59 (8)	67.52 (55)
企业数目	599	276	397	718	15057

二、单变量分析

表6-4为董事并购经验基于并购决策的组间差异检验，将公司基于企业并购与否（MA_1）分为两组，对其他解释变量进行组间均值T检验和中值秩和检验，通过观察组间的差异显著性来检验样本是否符合理论假设预期。结果发现，17047个样本公司中，11039家企业为并购样本，6008家企业为非并购样本。其中，并购企业组的董事并购经验百分比（Experience_1）的均值为0.835，董事并购经验次数（Experience_2）的均值为66.24，而对应的非并购组均值分别为0.672和46.65，两者之间的差异均在1%水平上显著。控制变量中，并购样本的成长机会、企业规模、资产负债率和独立董事比例的均值显著地高于非并购样本，而流动能力、盈利能力、董事会规模和产权性质则显著地低于非并购企业。相类似地，中值秩和检验也发现董事并购经验的确在并购样本与非并购样本之间呈现数据中值的显著性差异，与T检验结果相一致。这些发现为本书的假设5提供了初步的证据，即董事先前的并购经验有利于现有企业进行并购活动。

表 6-4 董事经验基于并购决策的组间差异检验

变量	MA_1 = 1 (N = 11039)		MA_1 = 0 (N = 6008)		T 检验	秩和检验
	Mean	Median	Mean	Median		
Experience_1	0.835	1	0.672	0.889	31.72 ***	30.28 ***
Experience_2	66.24	55	46.65	36	25.78 ***	27.17 ***
Tobin's Q	2.774	1.942	2.597	1.828	4.05 ***	3.11 ***
Size	22.04	21.87	21.73	21.56	15.14 ***	16.17 ***
Liquidity	0.038	0.039	0.044	0.044	-5.02 ***	-4.77 ***
ROA	0.045	0.040	0.053	0.047	-8.50 ***	-8.02 ***
Lev	0.439	0.431	0.408	0.392	8.56 ***	8.84 ***
Board	8.692	9	8.771	9	-3.09 ***	-4.03 ***
Indep	0.373	0.333	0.370	0.333	3.24 ***	3.20 ***
Duality	0.259	0	0.266	0	-1.02	-1.01
SOE	0.356	0	0.447	0	-11.70 ***	-11.66 ***

注：***、** 和 * 分别代表在 1%、5% 和 10% 的水平上显著。

三、董事经验与并购决策

模型（6.1）为检验董事并购经验与并购决策的相关关系，回归结果如表 6-5 所示，其中列（1）和列（2）的被解释变量为并购与否（MA_1），使用 Logit 模型，列（3）和列（4）的被解释变量为企业并购次数（MA_2），使用 Tobit 模型。董事并购经验百分比（Experience_1）系数显著为正，两者之间在统计上具有 1% 的显著性水平，在改变董事经验衡量方式之后，董事并购经验次数（Experience_2）依然显著为正，说明假设 5 基本符合理论预期，董事经验越丰富，越能重复之前类似的战略活动或者战略方向，从而引导现有企业的行为。也就是说，目前企业做出并购决策的可能性会更大，即董事先前的并购经验与目前企业的并购决策呈正相关关系。哈福德和舍恩劳（Harford 和 Schonlau，

2013）发现，企业倾向于聘请具有并购经历的董事。本书的证据表明，这种经历确实对企业很有价值。

控制变量中，列（1）至列（4）的结果基本一致，成长机会、企业规模和资产负债率显著为正，说明成长机会好，企业规模越大，资产负债率越高的企业，更加倾向于进行并购。反之，流动能力和产权性质显著为负，说明流动能力越好，以及实际控制人为国有企业时，企业越不倾向并购。

表6-5　　董事经验与并购决策的回归结果

被解释变量 MA	(1) Experience_1	(2) Experience_2	(3) Experience_1	(4) Experience_2
Experience	1.2199*** (21.05)	0.0072*** (15.54)	1.6788*** (22.84)	0.0105*** (21.06)
Tobin's Q	0.0381*** (3.89)	0.0424*** (4.39)	0.0720*** (6.61)	0.0768*** (7.06)
Size	0.2126*** (10.03)	0.2104*** (9.89)	0.3381*** (13.67)	0.3096*** (12.38)
Liquidity	-0.9726*** (-3.68)	-0.6261** (-2.39)	-1.9511*** (-6.24)	-1.5852*** (-5.08)
ROA	-0.6550 (-1.63)	-1.2194*** (-3.07)	-0.4670 (-0.98)	-1.0702** (-2.26)
Lev	0.1940* (1.78)	0.3209*** (2.98)	0.4932*** (3.77)	0.5941*** (4.55)
Board	-0.0186 (-1.50)	-0.0636*** (-5.06)	-0.0318** (-2.14)	-0.1003*** (-6.66)
Indep	-0.2680 (-0.70)	-0.5140 (-1.36)	-0.7873* (-1.73)	-1.0907** (-2.40)
Duality	-0.0246 (-0.57)	-0.0555 (-1.31)	0.0416 (0.82)	0.0117 (0.23)

续表

被解释变量 MA	(1) Experience_1	(2) Experience_2	(3) Experience_1	(4) Experience_2
SOE	-0.7808*** (-18.17)	-0.6841*** (-16.04)	-1.1968*** (-23.44)	-1.0618*** (-20.75)
Industry	Controlled	Controlled	Controlled	Controlled
Year	Controlled	Controlled	Controlled	Controlled
cons	-4.7380*** (-10.17)	-3.6796*** (-7.80)	-7.5783*** (-13.85)	-5.4727*** (-9.79)
N	15988	15988	15994	15994
Pseudo - R^2	0.0743	0.0650	0.0463	0.0448

注：括号内的数字为 z 值；***、** 和 * 分别代表在 1%、5% 和 10% 的水平上显著。

四、董事经验质量与并购绩效

模型（6.2）为检验董事并购经验质量与并购绩效的相关关系，表 6-6 为董事并购经验质量与短期并购绩效（CAR）的 OLS 回归结果，表 6-7 为董事并购经验质量与长期并购绩效（BHAR）的 OLS 回归结果。列（1）的董事经验质量变量为董事在过去 6 年参与所有并购的累计异常收益率 CAR 的中值（MCAR），而列（2）和列（3）则是将董事过去 6 年的并购次数百分比进行分解，拆分为并购绩效为正的并购次数百分比（Positive）和并购绩效为负的并购次数百分比（Negative）。

表 6-6 中，董事并购经验质量（MCAR）对主并公司短期并购绩效的影响在经济和统计方面均具有重要意义。董事并购经验质量越好，即董事在过去 6 年中参与并购的短期并购绩效越好，越会积累丰富的并购经验，有助于提高目前企业战略决策的质量，本书的假设 6 得到初步认证。同时结合列（2）和列（3），本书发现在将董事并购次数百分比进行分解之后，只有“并购绩

效为正的并购次数百分比”的系数才显著为正，这说明并非所有的经验都是有效的，只有董事并购经验质量较好时才能显著提升企业的短期并购绩效。同时根据表 6－7，董事并购经验质量（MCAR）对长期并购绩效（BHAR）的影响均在统计上表现出1%的显著性水平，并且与表 6－6 结论一致，只有优质的并购经验才有利于企业长期并购绩效的提升；当并购经验质量较差时，反而会使得企业绩效更差。总之，表 6－6 与表 6－7 充分验证本章假设 6 的理论预期，即总体而言，优质的董事并购经验质量与目前企业的并购绩效呈正相关关系。

表 6－6　董事经验质量与短期并购绩效的 OLS 回归结果

被解释变量 CAR	(1) MCAR	(2) Positive	(3) Negative
Quality	0.0708*** (3.69)	0.0081** (2.16)	-0.0081** (-2.16)
Tobin's Q	0.0029*** (2.81)	0.0031*** (3.00)	0.0031*** (3.00)
Size	0.0004 (0.24)	0.0004 (0.23)	0.0004 (0.23)
Liquidity	0.0101 (0.47)	0.0097 (0.45)	0.0097 (0.45)
ROA	-0.0207 (-0.54)	-0.0232 (-0.61)	-0.0232 (-0.61)
Lev	-0.0062 (-0.62)	-0.0060 (-0.60)	-0.0060 (-0.60)
Board	0.0015 (1.52)	0.0015 (1.51)	0.0015 (1.51)

续表

被解释变量 CAR	(1) MCAR	(2) Positive	(3) Negative
Indep	0.0018 (0.06)	0.0013 (0.05)	0.0013 (0.05)
Duality	0.0021 (0.58)	0.0022 (0.59)	0.0022 (0.59)
SOE	0.0002 (0.05)	0.0002 (0.05)	0.0002 (0.05)
Method	-0.0268*** (-2.69)	-0.0286*** (-2.88)	-0.0286*** (-2.88)
Consultant	0.0868*** (17.43)	0.0867*** (17.38)	0.0867*** (17.38)
Industry	Controlled	Controlled	Controlled
Year	Controlled	Controlled	Controlled
cons	-0.0094 (-0.24)	-0.0113 (-0.29)	-0.0032 (-0.08)
N	3617	3617	3617
Adj R^2	0.1400	0.1380	0.1380
F	16.550	16.270	16.270

注：括号内的数字为 t 值；***、** 和 * 分别代表在 1%、5% 和 10% 的水平上显著。

进一步地，我们从表 6-6 和表 6-7 发现，短期并购绩效和长期并购绩效的控制变量有较大差异。短期并购绩效回归的控制变量中，成长机会的系数显著为正，而支付方式则显著为负，原因是采用股票对价方式时，存在风险共担效应，目标企业会主动向主并公司传递相关信息，因而绩效会更好。当企业聘请财务顾问时，企业并购绩效更好。根据 2008 年颁布的《上市公司并购重组财务顾问业务管理办法》，“上市公司并购重组财务顾问业务是指为上市公司的收购等具有重大影响的并购重组活动提供交易估值、方案设计、出具专业意见等专业服务”。所以聘请财务顾问有助于降低并购中的信息不对称问题，提高并购决策的质量。但是目前我国的现实情况是并购交易大部分采用现金对价方式，且并不倾向于聘请财务咨询师，与巫岑和唐清泉（2016）、孙铁和武常岐（2012）的研究结论一致。

表6-7　董事经验质量与长期并购绩效的OLS回归结果

被解释变量 BHAR	(1) MCAR	(2) Positive	(3) Negative
Quality	0.4982*** (2.88)	0.0813*** (2.74)	-0.0813*** (-2.74)
Tobin's Q	0.0310*** (3.31)	0.0315*** (3.37)	0.0315*** (3.37)
Size	-0.0364*** (-2.78)	-0.0370*** (-2.82)	-0.0370*** (-2.82)
Liquidity	0.1430 (0.83)	0.1480 (0.86)	0.1480 (0.86)
ROA	0.9643*** (3.38)	0.9317*** (3.26)	0.9317*** (3.26)
Lev	0.1285* (1.68)	0.1378* (1.80)	0.1378* (1.80)
Board	0.0051 (0.68)	0.0057 (0.76)	0.0057 (0.76)
Indep	0.2540 (1.07)	0.2550 (1.07)	0.2550 (1.07)

续表

被解释变量 BHAR	(1) MCAR	(2) Positive	(3) Negative
Duality	0.0168 (0.56)	0.0171 (0.57)	0.0171 (0.57)
SOE	-0.0603 ** (-2.24)	-0.0599 ** (-2.23)	-0.0599 ** (-2.23)
Method	-0.0191 (-0.24)	-0.0216 (-0.28)	-0.0216 (-0.28)
Consultant	0.1376 *** (3.31)	0.1376 *** (3.31)	0.1376 *** (3.31)
Industry	Controlled	Controlled	Controlled
Year	Controlled	Controlled	Controlled
cons	0.2710 (0.89)	0.2370 (0.77)	0.3190 (1.04)
N	3128	3128	3128
Adj R^2	0.0636	0.0633	0.0633
F	7.063	7.039	7.039

注：括号内的数字为 t 值；*** 、** 和 * 分别代表在 1% 、5% 和 10% 的水平上显著。

五、信息环境的作用

为了检验本书研究假设 7 的预期，检验在信息不对称问题更严重的情况下，即在信息环境差的组中，是否董事并购经验对并购决策起的正向作用更显著，分别根据分析师跟踪和深圳证券交易所披露指数进行分组检验，具体回归结果如表 6－8 至表 6－11 所示。其中表 6－8 和表 6－10 的被解释变量为并购与否（MA_1），表 6－9 和表 6－11 为并购次数（MA_2），并且第（1）列和第（3）列的解释变量是董事并购经验百分比（Experience_1），而第（2）列和第（4）列是董事并购经验次数（Experience_2）。

从表6－8和表6－10的回归结果来看，董事经验变量系数都显著为正，说明本书假设7符合理论预期，相较于信息环境好的组，企业处于较差的信息环境时，董事并购经验对并购决策起的正向作用更显著。也就是说，当企业信息环境较差时，董事会面临的信息不对称问题更高，更加需要董事使用自身经验去缓解不确定性和风险，经验在制定并购决策的过程中起到举足轻重的作用。董事并购经验与企业信息环境存在替代关系。根据深圳证券交易所评价结果进行分组检验也得到一致性的结果，具体见表6－9和表6－11。

表6－8　董事经验与并购决策的 Logit 回归结果

（基于分析师跟踪分组）

被解释变量 MA_1	(1) Experience_1	(2) Experience_2	(3) Experience_1	(4) Experience_2
	信息环境差		信息环境好	
Experience	1.3712*** (18.22)	0.0085*** (13.56)	0.3670 (1.21)	0.0012 (1.45)
控制变量	Controlled	Controlled	Controlled	Controlled
Industry	Controlled	Controlled	Controlled	Controlled
Year	Controlled	Controlled	Controlled	Controlled
cons	－3.7826*** (－5.68)	－2.6118*** (－3.89)	－8.7937*** (－2.92)	－2.4062** (－2.28)
N	9525	9525	3349	3349
Pseudo－R^2	0.0848	0.0733	0.3980	0.0795

注：括号内的数字为z值；***、**和*分别代表在1%、5%和10%的水平上显著。

表 6－9　　董事经验与并购决策的 Logit 回归结果（基于深市披露分组）

被解释变量 MA_1	(1) Experience_1	(2) Experience_2	(3) Experience_1	(4) Experience_2
	信息环境差		信息环境好	
Experience	1.2247*** (15.36)	0.0079*** (10.59)	0.2100 (1.17)	0.0018 (1.44)
控制变量	Controlled	Controlled	Controlled	Controlled
Industry	Controlled	Controlled	Controlled	Controlled
Year	Controlled	Controlled	Controlled	Controlled
cons	－5.7467*** (－7.08)	－5.1448*** (－6.22)	－0.5640 (－0.34)	－0.0799 (－0.05)
N	8044	8044	1856	1856
Pseudo－R^2	0.0964	0.0847	0.0868	0.0871

注：括号内的数字为 z 值；***、** 和 * 分别代表在 1%、5% 和 10% 的水平上显著。

表 6－10　　董事经验与并购决策的 Tobit 回归结果（基于分析师跟踪分组）

被解释变量 MA_2	(1) Experience_1	(2) Experience_2	(3) Experience_1	(4) Experience_2
	信息环境差		信息环境好	
Experience	1.8903*** (20.01)	0.0111*** (17.19)	0.1660 (1.14)	0.0012 (1.40)
控制变量	Controlled	Controlled	Controlled	Controlled
Industry	Controlled	Controlled	Controlled	Controlled
Year	Controlled	Controlled	Controlled	Controlled
cons	－6.4352*** (－8.39)	－4.3156*** (－5.51)	－3.9301*** (－3.31)	－3.7052*** (－3.07)
N	9529	9529	3350	3350
Pseudo－R^2	0.0491	0.0461	0.0618	0.0619

注：括号内的数字为 z 值；***、** 和 * 分别代表在 1%、5% 和 10% 的水平上显著。

表 6－11　董事经验与并购决策的 Tobit 回归结果（基于深市披露分组）

被解释变量 MA_2	(1) Experience_1	(2) Experience_2	(3) Experience_1	(4) Experience_2
	信息环境差		信息环境好	
Experience	1.7124*** (17.21)	0.0104*** (13.38)	0.0185 (0.09)	0.0003 (0.25)
控制变量	Controlled	Controlled	Controlled	Controlled
Industry	Controlled	Controlled	Controlled	Controlled
Year	Controlled	Controlled	Controlled	Controlled
cons	－8.9553*** (－9.61)	－7.5300*** (－7.84)	－5.0899*** (－2.86)	－4.9904*** (－2.74)
N	8044	8044	1870	1870
Pseudo－R^2	0.0528	0.0489	0.0556	0.0556

注：括号内的数字为 z 值；***、** 和 * 分别代表在 1%、5% 和 10% 的水平上显著。

表 6－12 至表 6－15 验证在信息环境差异下，董事并购经验质量与并购绩效的正相关关系是否发生变化。表 6－12 和表 6－13 的被解释变量为短期并购绩效 CAR，表 6－14 和表 6－15 的被解释变量为长期并购绩效 BHAR。列（1）和列（4）的董事经验质量为董事在过去 6 年参与所有并购的累计异常收益率 CAR 的中值（MCAR），列（2）和列（5）则是董事过去 6 年并购绩效为正的并购次数百分比（Positive），列（3）和列（6）是董事并购绩效为负的并购次数百分比（Negative）。

从表 6－12 与表 6－14 可以看出，在信息环境差的组中，董事并购经验质量（MCAR 与 Positive）系数都显著为正，而在信息环境好的组里，董事并购经验质量系数都不显著，该结果充分支持了本书研究假设8的结论，即在信息环境越差的情况下，董事并购经验质量越好，企业并购绩效越大。具体来说，由于董事经验主要来自组织知识个人化过程，董事经验作用于企业其实是个人知识组织化过程，企业面临较差的信息环境时，董事个人经验的挖掘、提升和使用，可以提供数量庞大、成本较低的信息，这将大大提升信息传递和使用效率。根据深圳证券交易所评价结果进行分组检验也可以得到一致性的结果，具体见表6-13和表6-15。

表6-12　　董事经验质量与短期并购绩效（基于分析师跟踪分组）

被解释变量 CAR	(1) MCAR	(2) Positive	(3) Negative	(4) MCAR	(5) Positive	(6) Negative
	信息环境差			信息环境好		
Quality	0.0943*** (3.75)	0.0112** (2.17)	-0.0112** (-2.17)	0.0163 (0.43)	0.0049 (0.77)	-0.0049 (-0.77)
控制变量	Controlled	Controlled	Controlled	Controlled	Controlled	Controlled
Industry	Controlled	Controlled	Controlled	Controlled	Controlled	Controlled
Year	Controlled	Controlled	Controlled	Controlled	Controlled	Controlled
cons	0.0439 (0.79)	0.0417 (0.75)	0.0529 (0.95)	-0.0673 (-0.94)	-0.0660 (-0.92)	-0.0610 (-0.84)
N	2212	2212	2212	879	879	879
Adj R^2	0.1680	0.1640	0.1640	0.0297	0.0302	0.0302
F	12.710	12.420	12.420	1.726	1.738	1.738

注：括号内的数字为t值；***、**和*分别代表在1%、5%和10%的水平上显著。

表6-13　　董事经验质量与短期并购绩效（基于深市披露分组）

被解释变量 CAR	(1) MCAR	(2) Positive	(3) Negative	(4) MCAR	(5) Positive	(6) Negative
	信息环境差			信息环境好		
Quality	0.0889*** (3.12)	0.0133** (2.18)	-0.0133** (-2.18)	0.0485 (0.92)	0.0053 (0.52)	-0.0053 (-0.52)
控制变量	Controlled	Controlled	Controlled	Controlled	Controlled	Controlled
Industry	Controlled	Controlled	Controlled	Controlled	Controlled	Controlled
Year	Controlled	Controlled	Controlled	Controlled	Controlled	Controlled
cons	0.0841 (1.09)	0.0782 (1.01)	0.0915 (1.18)	-0.0111 (-0.07)	-0.0171 (-0.11)	-0.0117 (-0.08)
N	1604	1604	1604	507	507	507
Adj R^2	0.1580	0.1550	0.1550	0.1400	0.1390	0.1390
F	9.123	8.960	8.960	3.289	3.269	3.269

注：括号内的数字为t值；***、**和*分别代表在1%、5%和10%的水平上显著。

表6-14　　董事经验质量与长期并购绩效（基于分析师跟踪分组）

被解释变量 BHAR	(1) MCAR	(2) Positive	(3) Negative	(4) MCAR	(5) Positive	(6) Negative
	信息环境差			信息环境好		
Quality	0.5114** (2.18)	0.1050** (2.51)	-0.1050** (-2.51)	-0.0747 (-0.20)	0.0226 (0.40)	-0.0226 (-0.40)
控制变量	Controlled	Controlled	Controlled	Controlled	Controlled	Controlled
Industry	Controlled	Controlled	Controlled	Controlled	Controlled	Controlled
Year	Controlled	Controlled	Controlled	Controlled	Controlled	Controlled
cons	0.0619 (0.13)	0.0152 (0.03)	0.1200 (0.26)	0.6150 (0.99)	0.5990 (0.96)	0.6220 (1.00)
N	1865	1865	1865	691	691	691
Adj R^2	0.0665	0.0673	0.0673	0.1130	0.1130	0.1130
F	4.793	4.841	4.841	3.505	3.509	3.509

注：括号内的数字为t值；***、**和*分别代表在1%、5%和10%的水平上显著。

表 6-15　　董事经验质量与长期并购绩效

（基于深市披露分组）

被解释变量 BHAR	(1) MCAR	(2) Positive	(3) Negative	(4) MCAR	(5) Positive	(6) Negative
	信息环境差			信息环境好		
Quality	0.8572*** (2.99)	0.1627*** (3.01)	-0.1627*** (-3.01)	0.2490 (0.39)	0.0097 (0.10)	-0.0097 (-0.10)
控制变量	Controlled	Controlled	Controlled	Controlled	Controlled	Controlled
Industry	Controlled	Controlled	Controlled	Controlled	Controlled	Controlled
Year	Controlled	Controlled	Controlled	Controlled	Controlled	Controlled
cons	0.9060 (1.37)	0.8450 (1.28)	1.0080 (1.53)	1.6880 (1.31)	1.7370 (1.35)	1.7280 (1.35)
N	1351	1351	1351	363	363	363
Adj R^2	0.0562	0.0563	0.0563	0.1230	0.1220	0.1220
F	3.297	3.300	3.300	2.534	2.529	2.529

注：括号内的数字为 t 值；***、** 和 * 分别代表在 1%、5% 和 10% 的水平上显著。

第四节　稳健性检验

本书研究结果表明，董事并购经验对主并公司来说非常有利。然而，由于董事会组成的内生性质（Hermalin 和 Weisbach，1998，2003；Adams 等，2010），董事有可能不是随机分配给企业，而是系统地选择哪家公司加入。如果并购经验丰富的董事加入更优质的公司，则该企业的优质董事倾向于做出更好的投资决策，获得更好的并购绩效，此时董事并购经验与并购决策、董事并购经验质量与并购绩效的关系将遭受遗漏变量的偏误问题。为了解决"公司—董事"之间的非随机匹配问题，我们通过工具变量法进行两阶段最小二乘回归。这种方法通过外生变量估计进行董事—企业匹配，通过将拟合值替换内生的并购经验变量来克服偏差。

蔡和塞维利尔（Cai 和 Sevilir，2012）认为，董事年龄代表拥有较多的并购经验，因为较年长的董事可能会有更多的经历，拥有关于公司及其业务环境的重要信息等。因此，本书选择董事会成员年龄的平均值（Age）作为董事并购经验的工具变量，表 6-16 为董事并购经验（Experience_1）与并购决策的两阶段回归结果。第一阶段中，被解释变量为董事并购经验百分比，第一阶段的结果表明，董事会成员平均年龄值与其并购经验呈显著的正相关关系，说明年龄越大，董事相应的并购经验较多。第二阶段中，将第一阶段董事并购经验的拟合值（Experience_1*）作为解释变量，重复模型（6.1）回归，发现董事并购经验变量的系数都显著为正，说明本章研究结论可靠、稳健。

表 6-16　董事经验与并购决策的两阶段回归结果

被解释变量 MA	第一阶段（OLS）	MA_1（Logit）	MA_2（Tobit）
Experience_1*		1.2076*** (20.73)	1.6668*** (22.58)
Age	0.0046*** (5.43)		
Tobin's Q	0.0076*** (6.26)	0.0468*** (4.79)	0.0842*** (7.74)
Size	0.0443*** (16.11)	0.2656*** (12.62)	0.4114*** (16.76)
Liquidity	0.3119*** (9.01)	-0.5688** (-2.16)	-1.4074*** (-4.51)

续表

被解释变量 MA	第一阶段（OLS）	MA_1（Logit）	MA_2（Tobit）
ROA	-0.5785*** (-11.04)	-1.3787*** (-3.44)	-1.4435*** (-3.05)
Lev	0.2728*** (19.06)	0.5222*** (4.85)	0.9425*** (7.26)
Board	-0.0110*** (-6.69)	-0.0182 (-1.47)	-0.0311** (-2.09)
Indep	-0.0551 (-1.10)	-0.2670 (-0.70)	-0.7849* (-1.73)
Duality	-0.0443*** (-7.89)	-0.0291 (-0.68)	0.0363 (0.72)
SOE	0.0222*** (3.83)	-0.7391*** (-17.26)	-1.1413*** (-22.37)
Industry	Controlled	Controlled	Controlled
Year	Controlled	Controlled	Controlled
cons	-0.4722*** (-7.05)	-5.1836*** (-11.14)	-8.1985*** (-14.98)
N	15994	15988	15994
Pseudo - R^2	—	0.0737	0.0461
R^2	0.200	—	—
F	111.8	—	—

注：括号内的数字为 t 值；***、** 和 * 分别代表在 1%、5% 和 10% 的水平上显著。带有 * 标志的变量是第一阶段线性回归（OLS）结果的预测值，作为第二阶段的对应解释变量。

本书使用在过去 6 年里，董事参与并购时使用股票对价方式的百分比（Stock）作为董事并购经验质量的工具变量。根据前人研究结果表明（Chatterjee 和 Kuenzi，2001；Moeller 等，2004；曾颖，2007），股票支付具有风险共担效应。具体来说，与现金对价方式相比，当主并公司在并购时使用股票对价方式时，通常会向外部投资者传递出积极信号，因而公告期间的超常收益显著为正。表6-17为董事并购经验质量与并购绩效的两阶段回归结果（仅列示MCAR的结果）。第一阶段中，被解释变量为董事并购经验质量（MCAR），发现并购时董事使用股票对价方式的百分比（Stock）与董事并购经验质量呈显著正相关；第二阶段结果显示，董事并购经验质量的系数在1%水平上呈正向显著，与主回归结论一致。

表6-17　　董事经验质量与并购绩效的两阶段回归结果

被解释变量	CAR		BHAR	
	第一阶段	第二阶段	第一阶段	第二阶段
MCAR*		0.0772*** (3.97)		0.5370*** (3.08)
Stock	0.1220*** (9.36)		0.0798*** (6.40)	
Tobin's Q	0.0033*** (3.71)	0.0032*** (3.09)	0.0013 (1.34)	0.0318*** (3.40)
Size	0.0011 (0.73)	0.0005 (0.29)	-0.0004 (-0.27)	-0.0364*** (-2.77)
Liquidity	0.0038 (0.20)	0.0104 (0.48)	0.0205 (1.15)	0.1540 (0.89)
ROA	-0.0376 (-1.14)	-0.0231 (-0.61)	-0.0402 (-1.37)	0.9399*** (3.29)
Lev	0.0006 (0.07)	-0.0062 (-0.62)	0.0167** (2.11)	0.1368* (1.79)
Board	0.0000 (-0.06)	0.0015 (1.53)	0.0013* (1.69)	0.0056 (0.75)
Indep	0.0211 (0.83)	0.0025 (0.08)	0.0464* (1.85)	0.2530 (1.04)

续表

被解释变量	CAR		BHAR	
	第一阶段	第二阶段	第一阶段	第二阶段
Duality	-0.0018 (-0.58)	0.0020 (0.55)	-0.0024 (-0.76)	0.0155 (0.51)
SOE	-0.0079 *** (-2.69)	-0.0002 (-0.06)	-0.0089 *** (-3.19)	-0.0638 ** (-2.38)
Method	-0.0252 *** (-2.95)	-0.0287 *** (-2.89)	-0.0011 (-0.14)	-0.0209 (-0.27)
Consultant	-0.0036 (-0.84)	0.0866 *** (17.39)	0.0021 (0.50)	0.1387 *** (3.34)
Industry	Controlled	Controlled	Controlled	Controlled
Year	Controlled	Controlled	Controlled	Controlled
cons	0.0043 (0.13)	-0.0091 (-0.23)	-0.0078 (-0.25)	0.2760 (0.90)
N	3617	3617	3128	3128
Adj R^2	0.0410	0.1410	0.0179	0.0638
F	5.065	16.610	2.625	7.092

注：括号内的数字为t值；***、**和*分别代表在1%、5%和10%的水平上显著。带有*标志的变量是第一阶段线性回归（OLS）结果的预测值，作为第二阶段的对应解释变量。

总体而言，以上两阶段回归结果证实，董事并购经验与并购决策、董事并购经验质量与并购绩效之间的正向显著关系并不是由非随机匹配的企业—董事决定，说明本书结论稳健。

第五节　本章小结

本章立足于企业内部信息来源即董事经验，通过追踪每一位董事会成员过去6年是否具有并购经验，以2010—2016年沪深两市A股非金融业上市公司为样本（即董事并购经验的样本期间为2004—2010年），探讨董事并购经验如何影响企业并购决策，以及董事并购经验质量与企业并购绩效的关系；同时，也考察了信息环境差异时，董事并购经验与并购决策、董事并购经验质量与并购绩效之间敏感性的变化。本书的实证结果表明：首先，董事并购经验越丰富，越能准确对目标公司进行定位与价值评估，因此企业并购概率越大；将董事并购经验质量进行分解后发现，优质的并购经验有利于企业并购绩效的提升。其次，当信息环境较差时，董事并购经验与并购决策的正向敏感性越强，同时董事并购经验质量对并购绩效的正向作用在企业信息环境越差时会加强。最后，考虑到董事会组成的内生性质，解决“公司—董事”之间的非随机匹配问题，本书通过采用工具变量（Ⅳ）进行两阶段最小二乘回归，证明研究结论可靠、稳健。这些研究有力地充实了现有董事经验研究框架。

研究结论表明，在企业成长过程中，并购是我国企业外部扩张过程中的最重要方式，也是重要的战略机遇。董事的经验学习能够为企业提供重要的内部信息，同时也使企业具备专业的并购管理知识。作为战略决策智囊团的董事会成员应认真从以往的并购经验中学习，从成功案例中总结优质经验，强化成功的并购管理程序。同时也要从失败案例中吸取教训，从中得到启示。总之，董事要不断提高自身的并购能力，更广泛参与到企业并购活动中去，特别是从应对复杂并购经历中总结经验，从而为本企业制定有效的并购策略提供帮助，提升并购绩效。

第七章　网络位置与董事经验对企业并购的交互作用研究

董事基于网络位置获取的信息是基于外部信息这个角度来阐述的，而董事过去的并购经验这一类特殊信息是基于内部信息角度展开的，那么对于企业而言，外部信息和内部信息相结合，网络位置与董事经验对并购决策会起到何种交互效应呢？是替代效应还是互补效应？同理，网络位置与董事经验质量对并购绩效又会产生何种影响？基于此，本章以 2010—2016 年沪深 A 股上市公司为样本，先要检验网络位置与董事并购经验对企业并购决策的交互作用，再进一步考察网络位置与董事经验质量这一个体特征对并购绩效的互补效应。

第一节　理论分析与研究假设

一、网络位置与董事经验对企业并购决策的交互作用

如前文所述，董事网络位置越高，则在并购信息收集过程中占据优势越明显。说明企业拥有多种外部信息渠道与信息来源，同时多种来源意味着企业可以进行选择与甄别，更不容易丢失有用信息。考虑到竞争对手有可能出于自利原因，会释放出对本企业不利信息

或者隐藏关键性资源，进而误导竞争企业判断方向，造成竞争企业的损失。但是如果本企业处于网络位置较高的层级，就可以很容易避免此类问题。由于多样性的信息资源可以保证企业进行不断对比（Burt, 1992），从而增加准确评估的概率，而董事经验则是从董事先前的经历进行一系列的转化而成的，积累了一定的并购知识，具有一定的并购技巧与能力。总之，在网络中处于有利位置固然为企业提供了信息优势，但这一类信息主要是来自企业外部，而内部信息主要来自企业的经验学习，即过去并购经验。

交互作用的原理为各要素之间相互作用产生的效果优于各要素单独作用的效果。那么内部信息和外部信息交互之后会产生何种效应，董事网络位置与董事经验两种信息来源的交互效应是互补作用还是替代作用？如果两者是替代效应，那么说明董事会在决策时只需要单纯依靠内部信息或者外部信息即可。但是显然这种替代效应是违背常理的。企业获得的内部信息和外部信息不可能纯粹是交叉信息，也不可能是完全相同的信息，用数学集合的概念来说，两者并非交集关系，应该是并集。对企业而言，单纯依靠内部信息来源或者外部信息渠道都是不够的。外部信息通过网络传递，内部信息通过经验进行转化而成，两者汇集到企业后需要董事会进行甄别。即企业获取外部信息之后需要有经验的董事对其进行吸收和消化，而董事经验这一类内部信息也需要外部信息的补充与完善。董事间的网络关系是一个相对复杂的多维系统，董事之间通过信息交流、资源共享等，使企业的信息在内外部作用之下相互融合，促进了企业的并购决策。因而内部信息和外部信息应当是互补关系。基于以上分析，提出本书假设 9：

假设 9：董事网络位置越高，董事经验越丰富，越能强化企业并购决策的制定，即网络位置与董事并购经验存在互补效应，对并购决策起到正向促进作用。

二、网络位置与董事经验质量对企业并购绩效的交互作用

如前所述，董事网络对企业并购绩效具有显著影响，网络渠道中传递的并购信息则成为企业并购所需资料的重要来源（Beckman 和 Haunschild，2002）。主并公司在制定决策时，可以充分利用网络渠道中的多样化信息，提高正确决策的能力，从而获得更好的并购绩效。但是，对于董事会团队而言，网络的重要作用不仅在于通过各种网络间的联系传递信息与资源，还在于网络结构的形态以及董事在网络中所处的位置，影响着通过网络传递过来的信息和资源的质量。同时董事经验质量越好，说明企业在过去并购过程中表现越佳。董事自身的并购经验作为一类特殊的隐性信息，特别是质量较优的并购经验，甚至可以说是董事个人的财富，很难通过网络进行传播，更多的是在企业内部进行流通，是企业的一笔无形资产。

根据资源互补的观点，对企业而言，如果能够实现资源互补，则绩效更优，这就是所谓的“交互效应”。交互集合能够创造竞争优势，并促成更高的绩效。如果信息是互补性质的，那么各类信息资源结合后，其协同作用肯定大于或等于任意一个单独来源渠道。显然，互补信息资源即内部信息和外部信息的集合，对于企业并购绩效具有协同效应，交互不仅能够带来价值增加，而且能够创造新价值。双重信息资源的嵌入能更好地发挥企业信息资源利用和经验探索学习的双元优势。因此，网络位置较高的企业可以接触到众多的外部信息，而优质的董事并购经验学习又促进内部信息的吸收，互相集合之后可以促进内部信息和外部信息的整合，从而更加有利于并购绩效的提升。基于以上分析，提出本书假设 10：

假设 10：董事网络位置越高，董事并购经验质量越好，越

有利于企业并购绩效的提升，即网络位置与董事并购经验质量存在互补效应，对并购绩效起到正向促进作用。

第二节 研究设计

一、样本选取与数据处理

由于从2004年开始，我国上市公司并购交易的信息披露数据才相对完整，且本章需要追踪董事过去6年是否具有并购经验的数据，因此选取2010—2016年沪深两市A股上市公司作为初始研究样本。筛选样本公司的具体方法如下：（1）根据数据的可获得性，选择主并方（并购方）为上市公司的样本企业，剔除非上市公司样本；（2）选取并购交易成功的并购事件；（3）如果同一家上市公司在同一年宣告两笔或者两笔以上针对同一家目标公司的并购交易，则合并为一例并购事件；（4）剔除ST类和终止上市的公司；（5）剔除金融行业；（6）选择上市公司的狭义并购行为，包括资产并购、股权转让和吸收合并等，剔除广义形式的并购活动。最后，如果某个指标存在缺失值，则通过年报予以补充；如年报中也无法查找到，则剔除该样本。经过以上步骤，最终得到17047个样本公司，11039家企业为并购样本，6008家企业为非并购样本。

本章数据来源于国泰安（CSMAR）数据库，并购数据来自上市公司并购重组研究数据库，董事会成员兼任信息主要来自上市公司人物特征数据库和治理结构数据库，董事个人简历信息主要通过巨潮资讯网站和新浪财经网站进行比对。“网络中心度”指标计算采用社会网络数据分析软件Pajek，统计分析软件为Stata14.0。同时本书对主要连续变量进行了上下1%水平的缩尾处理（Winsorize），以消除离群值影响。

二、模型设定与变量说明

在检验假设 9 和假设 10 之前，本书先建立以下模型：

$$
\begin{aligned}
MA_t = {} & \alpha_0 + \alpha_1 Centrality_t + \alpha_2 Experience_t + \alpha_3 Tobin's\ Q_t + \alpha_4 Size_t \\
& + \alpha_5 Liquidity_t + \alpha_6 ROA_t + \alpha_7 Lev_t + \alpha_8 Board_t + \alpha_9 Indep_t \\
& + \alpha_{10} Duality_t + \alpha_{11} ESH_t + \alpha_{12} Top1_t + \alpha_{13} SOE_t \\
& + \alpha_i Industry_t + \alpha_j Year_t + \varepsilon
\end{aligned} \tag{7.1}
$$

$$
\begin{aligned}
Perf_t = {} & \beta_0 + \beta_1 Centrality_t + \beta_2 Quality_t + \beta_3 Tobin's\ Q_t + \beta_4 Size_t \\
& + \beta_5 Liquidity_t + \beta_6 ROA_t + \beta_7 Lev_t + \beta_8 Board_t + \beta_9 Indep_t \\
& + \beta_{10} Duality_t + \beta_{11} ESH_t + \beta_{12} Top1_t + \beta_{13} SOE_t + \beta_{14} Method_t \\
& + \beta_{15} Consultant_t + \beta_i Industry_t + \beta_j Year_t + \varepsilon
\end{aligned} \tag{7.2}
$$

模型（7.1）使用 Logit 模型与 Tobit 模型，模型（7.2）为 OLS 模型。为对比分析网络位置与董事经验对并购决策作用的差别，模型（7.1）将网络中心度与董事经验均作为解释变量，同时，考虑这两类信息对并购决策的影响。为了检验网络位置与董事经验质量对并购绩效作用的差别，模型（7.2）同时将这两者放入模型作为解释变量，以验证对并购绩效的影响。

为检验本书提出的假设 9 和假设 10，依次建立如下模型：

$$
\begin{aligned}
MA_t = {} & \alpha_0 + \alpha_1 Centrality_t + \alpha_2 Experience_t + \alpha_3 Centrality_t \times Experience_t \\
& + \alpha_4 Tobin's\ Q_t + \alpha_5 Size_t + \alpha_6 Liquidity_t + \alpha_7 ROA_t + \alpha_8 Lev_t \\
& + \alpha_9 Board_t + \alpha_{10} Indep_t + \alpha_{11} Duality_t + \alpha_{12} ESH_t + \alpha_{13} Top1_t \\
& + \alpha_{14} SOE_t + \alpha_i Industry_t + \alpha_j Year_t + \varepsilon
\end{aligned} \tag{7.3}
$$

$$
\begin{aligned}
Perf_t = {} & \beta_0 + \beta_1 Centrality_t + \beta_2 Quality_t + \beta_3 Centrality_t \times Quality_t \\
& + \beta_4 Tobin's\ Q_t + \beta_5 Size_t + \beta_6 Liquidity_t + \beta_7 ROA_t \\
& + \beta_8 Lev_t + \beta_9 Board_t + \beta_{10} Indep_t + \beta_{11} Duality_t \\
& + \beta_{12} ESH_t + \beta_{13} Top1_t + \beta_{14} SOE_t + \beta_{15} Method_t \\
& + \beta_{16} Consultant_t + \beta_i Industry_t + \beta_j Year_t + \varepsilon
\end{aligned} \tag{7.4}
$$

其中，模型（7.3）使用Logit模型与Tobit模型，模型（7.4）为OLS模型。本书首先利用模型（7.3）来检验网络位置与董事过去并购经验对企业并购决策的交互作用，引入网络位置与董事过去并购经验的交互项，即验证本书假设9是否成立；其次，使用模型（7.4）验证网络位置与董事并购经验质量对企业并购绩效的交互效应，引入网络位置与董事并购经验质量的交互项，证明假设10的结论成立。

在模型（7.1）和模型（7.3）中，被解释变量为并购决策变量MA（Malmendier和Tate，2008；姜付秀等，2009；万良勇和胡璟，2014；陈仕华等，2015；林钟高等，2016），本章设置两个指标测量并购决策：①并购选择（MA_1）：如果该公司在某一年发生并购，则当年的MA取值为1，否则为0；②并购次数（MA_2）：样本公司每年发生的并购次数合计。

在模型（7.2）和模型（7.4）中，被解释变量Perf包括短期并购绩效（CAR）和长期并购绩效（BHAR）。短期并购绩效（CAR）为并购首次宣告日前后一段时间内的股票价格的累计超额收益率，BHAR衡量的是持有某企业股票期间，该企业股票收益率超过市场组合收益率的大小。具体定义与计算方式与第五章相同。同时，由第五章的表5-1可知，本书计算并购事件累计超额收益率（CAR）的窗口选择［-2，3］。

Centrality为董事网络中心度指标（Freeman，1979），分别包括程度中心度（Degree）、中介中心度（Betweenness）和接近中心度（Closeness）。董事资料通过手工收集和整理获得，具体指标含义及计算方法同第五章。

Experience为董事并购经验变量（Kroll等，2008；Field和Mkrtchyan，2017），本章设置2个指标衡量董事并购经验：①董事并购经验百分比（Experience_1）；②董事并购经验次数

（Experience_2）。具体指标含义及计算方法同第六章。

Quality 为董事先前并购经验质量（Field 和 Mkrtchyan，2017），本章设置 2 个指标衡量董事并购经验质量：①MCAR；②变量 Positive 为每一位董事过去 6 年中 CAR 出现正值次数的百分比，变量 Negative 为每一位董事过去 6 年中 CAR 出现负值次数的百分比，具体指标含义及计算方法同第六章。

借鉴海沃德和哈姆布里克（Hayward 和 Hambrick，1997）、李善民和朱滔（2006）、陈仕华等（2013），模型（7.1）和模型（7.3）选择如下控制变量[①]：成长机会（Tobin's Q），即（短期债务＋长期债务＋优先股＋股权市场价值）÷总资产的账面价值；企业规模（Size），即总资产对数；流动能力（Liquidity），即经营性现金流量净额÷总资产；盈利能力（ROA），净利润÷总资产；资产负债率（Lev），总负债的账面价值与总资产的账面价值的比率；董事会规模（Board），所有董事人数之和；独立董事比例（Indep），独立董事人数÷董事会人数之和；两职兼任（Duality），若总经理与董事长为同一人为 1，否则为 0；管理层持股比例（ESH），管理层持股数÷总股数；第一大股东持股比例（Top1），第一大股东持股数与总股数之比；产权性质（SOE），国有企业为 1，非国有企业为 0。本书还设置了年度（Year）虚拟变量和行业（Industry）虚拟变量，用来控制不同年度和行业特殊性对研究结果的影响。行业划分是依照中国证监会《上市公司行业分类指引》（2012），同时考虑到制造业的数量和差异，因此按照二级代码分类，其他行业按一级代码。若为该行业，取值为 1，否则为 0。

① 本章也试着控制了管理层的平均年龄和性别比例等个人特征，高管过度自信及市场化指数，但是并没有影响本书的结论。

模型（7.2）和模型（7.4）在以上变量的基础上还设置了影响企业并购绩效的2个变量，即并购对价方式（Method）和财务顾问（Consultant）。并购对价方式（Method），现金对价方式为1，否则为0；财务顾问（Consultant），主并公司如果聘请财务顾问，则为1，否则为0。

本章主要变量定义及计算方法如表7－1所示。

表7－1　　　　变量定义表

变量类型	变量符号	变量名称	变量定义或计算
被解释变量	MA	并购决策	①并购选择（MA_1）：样本公司是否执行并购决策，如果该公司在样本期间发生并购，则取值为1，否则为0； ②并购次数（MA_2）：样本公司每年发生的并购次数合计
	CAR	短期并购绩效	并购宣告日前后［－2，3］窗口的累积超额收益率
	BHAR	长期并购绩效	购买并持有公司股票24个月，公司股票收益率超过对应市场组合的收益率
解释变量	Degree	程度中心度	个体与网络中的其他个人具有直接关系的数量
	Betweenness	中介中心度	个体在网络中的任何其他两个成员之间的最短路径上的频繁程度
	Closeness	接近中心度	个体和网络中所有其他个体之间的（最短）距离之和的倒数
	Experience	董事并购经验	①董事并购经验百分比（Experience_1），即样本公司的董事会成员在之前6年至少参加一次并购之和，除以董事会成员人数； ②董事并购经验次数（Experience_2），即样本公司的董事会成员在之前6年所有并购总次数之和

续表

变量类型	变量符号	变量名称	变量定义或计算
解释变量	Quality	董事并购经验质量	①MCAR，即董事在过去6年参与所有并购的累计异常收益率CAR的中值； ②Positive为每一位董事过去6年中CAR出现正值次数的百分比，代表较好的并购经验质量；Negative为每一位董事过去6年中CAR出现负值次数的百分比，代表较差的并购经验质量
控制变量	Tobin's Q	成长机会	(短期债务+长期债务+优先股+股权市场价值)÷总资产的账面价值
	Size	企业规模	总资产的自然对数
	Lev	资产负债率	总负债的账面价值/总资产的账面价值
	Liquidity	流动能力	经营性现金流量净额/总资产
	ROA	盈利能力	净利润/总资产
	Board	董事会规模	所有董事人数之和
	Duality	两职兼任	董事长与总经理是否为同一人，是为1，否为0
	Indep	独立董事比例	独立董事人数/董事会人数之和
	ESH	管理层持股比例	管理层持股数/总股数
	Top1	第一大股东持股比例	第一大股东持股数/总股数
	SOE	产权性质	国有为1，否则为0
	Method	并购对价方式	采取现金对价方式为1，其他为0
	Consultant	财务顾问	聘请财务顾问时为1，其他为0
	Industry	行业	行业虚拟变量
	Year	年份	以样本区间为基准，设置年度虚拟变量

第三节 实证检验与结果分析

一、描述性统计分析

表7-2为本章主要变量的描述性统计，2010—2016年，企业并购选择（MA_1）的均值为0.648，并购次数（MA_2）的均值为1.606。短期并购绩效（CAR）均值为0.018，长期并购绩效（BHAR）均值为-0.101，说明短期来看并购绩效较好，长期来看则较差。程度中心度（Degree）、中介中心度（Betweenness）和接近中心度（Closeness）平均值分别为3.736、0.001和0.110。董事并购经验百分比（Experience_1）、董事并购经验次数（Experience_2）的均值分别为0.778和59.34。董事先前并购经验质量（Quality）中，MCAR的均值为0.013，同时董事经验为正值百分比（Positive）和负值百分比（Negative）的均值分别为0.515和0.485，说明51.5%的董事过去的并购质量较好，而其他48.5%的董事则并购质量较差。

控制变量中，成长机会的均值为2.713；企业规模均值为21.93；流动能力均值为4.1%，标准差为0.075；盈利能力均值为4.8%；资产负债率均值为42.8%，债务融资比例有所下降；董事会成员均值接近9人，中位数为9人；独立董事比例最小值为33.3%，说明所有样本企业都满足了证监会规定的“上市公司董事会成员中至少应该包括1/3的独立董事”的要求；两职兼任的均值为26.1%；管理层持股比例有所上升，均值增至13.3%；第一大股东持股比例微小下降为35.7%；产权性质均值为38.8%，38.8%的样本公司为国有企业；并购对价方式（Method）均值为0.977，聘请财务顾问（Consultant）的均值为11.3%。

表 7-2　主要变量的描述性统计

变量	N	平均值	标准差	最小值	最大值	25%分位数	中位数	75%分位数
MA_1	17047	0.648	0.478	0	1	0	1	1
MA_2	17047	1.606	1.919	0	9	0	1	2
CAR	3720	0.018	0.092	-0.160	0.397	-0.032	0.0001	0.043
BHAR	3243	-0.101	0.666	-1.711	2.821	-0.421	-0.128	0.112
Degree	17047	3.736	3.046	0	13	1	3	6
Betweenness	17047	0.001	0.002	0	0.011	0	0.0005	0.002
Closeness	17047	0.110	0.063	0	0.191	0.056	0.134	0.157
Experience_1	16995	0.778	0.330	0	1	0.583	1	1
Experience_2	17047	59.34	48.31	0	233	23	48	84
MCAR	3720	0.013	0.073	-0.157	0.323	-0.026	0.004	0.039
Positive	3720	0.515	0.384	0	1	0	0.500	1
Negative	3720	0.485	0.384	0	1	0	0.500	1
Tobin's Q	16201	2.713	2.637	0.084	15.670	1.042	1.904	3.406
Size	17046	21.93	1.292	19.240	25.840	21.00	21.770	22.660
Liquidity	17046	0.041	0.075	-0.201	0.249	0.001	0.041	0.084
ROA	17047	0.048	0.057	-0.154	0.232	0.016	0.042	0.076
Lev	17047	0.428	0.222	-0.195	0.951	0.247	0.417	0.599
Board	17032	8.726	1.728	5	15	8	9	9
Indep	16995	0.373	0.053	0.333	0.571	0.333	0.333	0.429
Duality	16864	0.261	0.439	0	1	0	0	1
ESH	17004	0.133	0.207	0	0.698	0	0.001	0.242
Top1	17046	0.357	0.153	0	0.759	0.235	0.338	0.462
SOE	17047	0.388	0.487	0	1	0	0	1
Method	3720	0.977	0.151	0	1	1	1	1
Consultant	3720	0.113	0.317	0	1	0	0	0

二、网络位置、董事经验与并购决策

在验证网络位置与董事经验对并购决策的交互作用之前，模型（7.1）将网络位置与董事经验均作为解释变量，研究在同时考虑两种信息来源情况下，这两类信息对并购决策的影响，结果见表7－3与表7－4。表7－3中的列（1）至列（3）的中心度系数都显著为正；列（4）至列（6）中的程度中心度（Degree）和中介中心度（Betweenness）的系数不显著，但依然方向为正。董事经验变量（Experience）都在1%的水平上具有统计意义，显著为正，这表明网络位置与董事并购经验对并购决策的作用方向是相同的，都为正向促进作用。在控制变量中，列（1）至列（6）的结果基本一致，成长机会、企业规模和资产负债率显著为正，说明成长机会好，企业规模越大，资产负债率越高的企业，更加倾向于进行并购；反之，流动能力、董事会规模、第一大股东持股比例和产权性质显著为负，说明流动能力越好，董事会人数越多，第一大股东持股比例越高以及实际控制人为国有企业时，企业越不倾向并购。表7－4中，列（5）与列（6）的中介中心度（Betweenness）和接近中心度（Closeness）的系数为正，但不显著，董事经验变量（Experience）依然显著为正（1%水平上），说明两者的确对并购决策作用的方向一致，但是否存在互补效应需要进一步考察交乘项系数的方向与显著性水平。

表7－3　网络位置、董事经验与企业并购决策的Logit回归结果

被解释变量 MA_1	(1) Degree	(2) Betweenness	(3) Closeness	(4) Degree	(5) Betweenness	(6) Closeness
Centrality	0.0201*** (3.10)	23.4848*** (2.73)	0.9284** (2.44)	0.0064 (0.92)	7.0210 (0.77)	0.6895* (1.80)
Experience_1	1.1422*** (18.74)	1.1511*** (18.98)	1.1537*** (19.01)			
Experience_2				0.0063*** (12.19)	0.0064*** (12.61)	0.0063*** (12.82)

续表

被解释变量 MA_1	(1) Degree	(2) Betweenness	(3) Closeness	(4) Degree	(5) Betweenness	(6) Closeness
Tobin's Q	0.0406*** (4.13)	0.0398*** (4.06)	0.0405*** (4.12)	0.0442*** (4.56)	0.0440*** (4.53)	0.0442*** (4.55)
Size	0.2459*** (11.25)	0.2456*** (11.23)	0.2479*** (11.36)	0.2502*** (11.40)	0.2498*** (11.37)	0.2498*** (11.38)
Liquidity	-0.8566*** (-3.23)	-0.8588*** (-3.24)	-0.8511*** (-3.21)	-0.5445** (-2.07)	-0.5446** (-2.07)	-0.5443** (-2.07)
ROA	-0.6370 (-1.57)	-0.6140 (-1.52)	-0.6220 (-1.53)	-1.0603*** (-2.64)	-1.0534*** (-2.63)	-1.0781*** (-2.69)
Lev	0.1933* (1.75)	0.1956* (1.77)	0.1953* (1.77)	0.2963*** (2.72)	0.2965*** (2.72)	0.2979*** (2.73)
Board	-0.0312** (-2.48)	-0.0314** (-2.49)	-0.0289** (-2.31)	-0.0686*** (-5.43)	-0.0688*** (-5.43)	-0.0690*** (-5.47)
Indep	-0.3120 (-0.81)	-0.3250 (-0.85)	-0.2910 (-0.76)	-0.4590 (-1.20)	-0.4640 (-1.22)	-0.4630 (-1.21)
Duality	-0.0337 (-0.78)	-0.0310 (-0.72)	-0.0340 (-0.79)	-0.0546 (-1.28)	-0.0537 (-1.26)	-0.0558 (-1.31)
ESH	0.2591** (2.40)	0.2642** (2.45)	0.2571** (2.38)	0.0731 (0.70)	0.0755 (0.72)	0.0734 (0.70)
Top1	-0.9517*** (-7.62)	-0.9464*** (-7.58)	-0.9545*** (-7.65)	-1.0055*** (-8.04)	-1.0019*** (-8.02)	-1.0087*** (-8.07)
SOE	-0.7042*** (-15.37)	-0.7041*** (-15.37)	-0.7055*** (-15.39)	-0.6373*** (-13.92)	-0.6367*** (-13.91)	-0.6394*** (-13.96)
Industry	Controlled	Controlled	Controlled	Controlled	Controlled	Controlled
Year	Controlled	Controlled	Controlled	Controlled	Controlled	Controlled
cons	-5.0470*** (-10.65)	-5.0169*** (-10.55)	-5.1504*** (-10.91)	-4.1610*** (-8.69)	-4.1449*** (-8.64)	-4.1853*** (-8.74)
N	15987	15987	15987	15987	15987	15987
Pseudo - R^2	0.0780	0.0778	0.0778	0.0682	0.0682	0.0683

注：括号内的数字为 z 值；***、** 和 * 分别代表在 1%、5% 和 10% 的水平上显著。

表 7-4 网络位置、董事经验与企业并购决策的 Tobit 回归结果

被解释变量 MA_2	(1) Degree	(2) Betweenness	(3) Closeness	(4) Degree	(5) Betweenness	(6) Closeness
Centrality	0.0426 *** (5.73)	48.0166 *** (4.87)	1.3225 *** (2.86)	0.0144 * (1.80)	14.8700 (1.43)	0.5420 (1.15)
Experience_1	1.5180 *** (19.91)	1.5395 *** (20.28)	1.5584 *** (20.50)			
Experience_2				0.0092 *** (16.42)	0.0093 *** (17.10)	0.0094 *** (17.79)
Tobin's Q	0.0754 *** (6.97)	0.0739 *** (6.82)	0.0751 *** (6.93)	0.0795 *** (7.34)	0.0790 *** (7.29)	0.0793 *** (7.32)
Size	0.3853 *** (15.31)	0.3850 *** (15.27)	0.3915 *** (15.56)	0.3674 *** (14.39)	0.3664 *** (14.35)	0.3670 *** (14.38)
Liquidity	-1.7729 *** (-5.69)	-1.7782 *** (-5.70)	-1.7636 *** (-5.65)	-1.4471 *** (-4.64)	-1.4474 *** (-4.64)	-1.4433 *** (-4.63)
ROA	-0.4040 (-0.85)	-0.3490 (-0.74)	-0.3270 (-0.69)	-0.8290 * (-1.74)	-0.8108 * (-1.71)	-0.8134 * (-1.71)
Lev	0.4945 *** (3.76)	0.4984 *** (3.79)	0.4995 *** (3.80)	0.5867 *** (4.47)	0.5864 *** (4.47)	0.5852 *** (4.46)
Board	-0.0555 *** (-3.70)	-0.0556 *** (-3.70)	-0.0481 *** (-3.23)	-0.1085 *** (-7.20)	-0.1089 *** (-7.21)	-0.1076 *** (-7.15)
Indep	-0.8687 * (-1.92)	-0.8944 ** (-1.98)	-0.8104 * (-1.79)	-1.0538 ** (-2.33)	-1.0635 ** (-2.35)	-1.0441 ** (-2.31)
Duality	0.0290 (0.58)	0.0340 (0.67)	0.0304 (0.60)	0.0079 (0.16)	0.0096 (0.19)	0.0083 (0.17)
ESH	0.3901 *** (3.07)	0.4008 *** (3.16)	0.3848 *** (3.03)	0.2343 * (1.86)	0.2397 * (1.90)	0.2379 * (1.89)
Top1	-1.6124 *** (-10.89)	-1.6057 *** (-10.84)	-1.6159 *** (-10.90)	-1.5675 *** (-10.47)	-1.5598 *** (-10.42)	-1.5579 *** (-10.41)

续表

被解释变量 MA_2	(1) Degree	(2) Betweenness	(3) Closeness	(4) Degree	(5) Betweenness	(6) Closeness
SOE	-1.0663 *** (-19.78)	-1.0664 *** (-19.78)	-1.0680 *** (-19.79)	-0.9680 *** (-17.82)	-0.9665 *** (-17.80)	-0.9661 *** (-17.79)
Industry	Controlled	Controlled	Controlled	Controlled	Controlled	Controlled
Year	Controlled	Controlled	Controlled	Controlled	Controlled	Controlled
cons	-7.8670 *** (-14.27)	-7.8155 *** (-14.12)	-8.1199 *** (-14.77)	-6.1600 *** (-10.96)	-6.1210 *** (-10.87)	-6.1858 *** (-11.00)
N	15993	15993	15993	15993	15993	15993
Pseudo - R^2	0.0489	0.0488	0.0485	0.0468	0.0467	0.0467

注：括号内的数字为 z 值；*** 、 ** 和 * 分别代表在 1% 、5% 和 10% 的水平上显著。

三、网络位置与董事经验对并购决策的交互作用①

模型（7.3）是为检验网络位置与董事并购经验对并购决策的交互作用，表 7 -5 与表 7 -6 分别为网络位置、董事并购经验与并购决策的回归结果。其中，列（1）至列（3）的董事经验变量为董事并购经验百分比（Experience_1），而列（4）至列（6）为董事并购经验次数（Experience_2）。计算交互项时，我们先将解释变量和调节变量都进行中心化后再相乘，从而有效避免了交互项与自变量、控制变量之间的多重共线性问题（Ahuja，2000）。

表 7 -5 中，前三列的中心度系数在 1% 的显著性水平上都通过检验，且都为正值，同时董事并购经验（Experience_1）系数显著为正，且主要的解释变量，即程度中心度与董事并购经验的

① 根据信息环境的差异进行分组检验后发现，网络位置与董事经验对并购决策的正向交互作用在信息环境较差时得到加强。

交乘项系数（Centrality × Experience_1）在 10% 的水平上显著为正，与中介中心度的交乘项系数则有 1% 的统计意义，与接近中心度交互的系数为正但不显著。而在变换董事经验变量之后，得到基本一致的结论，说明假设 9 基本符合理论预期。董事网络作为企业外部信息的重要来源，如果董事经验这一内部信息来源与之相结合，则会起到显著为正的互补效应，即更中心的网络位置结合董事并购经验对并购决策起到显著为正的推动作用。表 7－6 的 Tobit 回归中，中心度变量的显著性略有提升［列（4）的 Degree 系数并不显著］，董事经验变量依然十分显著，并且中心度与董事并购经验的交乘项也全部具有经济意义和统计意义，再次验证假设 9 成立。

表 7－5　网络位置与董事经验对并购决策的交互结果 1

被解释变量 MA_1	(1) Degree	(2) Betweenness	(3) Closeness	(4) Degree	(5) Betweenness	(6) Closeness
Centrality	0.0231 *** (3.53)	27.7593 *** (3.11)	1.0911 *** (2.85)	0.0087 (1.24)	6.4040 (0.67)	1.0312 *** (2.61)
Experience_1	1.1742 *** (18.16)	1.2120 *** (18.99)	1.1507 *** (18.72)			
Centrality × Experience_1	0.0350 * (1.78)	102.8422 *** (3.54)	0.0284 (0.03)			
Experience_2				0.0062 *** (12.00)	0.0063 *** (12.46)	0.0063 *** (12.74)
Centrality × Experience_2				0.0004 *** (3.61)	0.8763 *** (4.74)	0.0090 (1.50)
Tobin's Q	0.0403 *** (4.11)	0.0392 *** (3.99)	0.0405 *** (4.12)	0.0435 *** (4.48)	0.0433 *** (4.46)	0.0437 *** (4.50)
Size	0.2443 *** (11.18)	0.2434 *** (11.12)	0.2476 *** (11.34)	0.2490 *** (11.34)	0.2491 *** (11.33)	0.2491 *** (11.35)

续表

被解释变量 MA_1	(1) Degree	(2) Betweenness	(3) Closeness	(4) Degree	(5) Betweenness	(6) Closeness
Liquidity	-0.8580*** (-3.23)	-0.8695*** (-3.27)	-0.8519*** (-3.21)	-0.5410** (-2.06)	-0.5427** (-2.06)	-0.5449** (-2.07)
ROA	-0.6580 (-1.62)	-0.6510 (-1.60)	-0.6320 (-1.56)	-1.0769*** (-2.68)	-1.0960*** (-2.73)	-1.0987*** (-2.74)
Lev	0.1928* (1.75)	0.1881* (1.71)	0.1958* (1.78)	0.3046*** (2.79)	0.3012*** (2.76)	0.2990*** (2.74)
Board	-0.0318** (-2.52)	-0.0320** (-2.53)	-0.0293** (-2.34)	-0.0688*** (-5.44)	-0.0698*** (-5.50)	-0.0692*** (-5.49)
Indep	-0.3300 (-0.86)	-0.3500 (-0.91)	-0.2940 (-0.77)	-0.4780 (-1.25)	-0.5060 (-1.32)	-0.4710 (-1.24)
Duality	-0.0339 (-0.78)	-0.0292 (-0.67)	-0.0345 (-0.80)	-0.0542 (-1.27)	-0.0509 (-1.19)	-0.0557 (-1.30)
ESH	0.2552** (2.37)	0.2597** (2.41)	0.2570** (2.38)	0.0573 (0.55)	0.0531 (0.51)	0.0704 (0.67)
Top1	-0.9490*** (-7.60)	-0.9416*** (-7.54)	-0.9558*** (-7.66)	-1.0163*** (-8.12)	-1.0175*** (-8.13)	-1.0121*** (-8.10)
SOE	-0.7063*** (-15.40)	-0.7070*** (-15.41)	-0.7060*** (-15.40)	-0.6394*** (-13.95)	-0.6398*** (-13.96)	-0.6417*** (-14.01)
Industry	Controlled	Controlled	Controlled	Controlled	Controlled	Controlled
Year	Controlled	Controlled	Controlled	Controlled	Controlled	Controlled
cons	-4.0332*** (-8.43)	-4.0202*** (-8.38)	-4.1352*** (-8.66)	-3.7379*** (-7.70)	-3.7260*** (-7.66)	-3.7056*** (-7.64)
N	15987	15987	15987	15987	15987	15987
Pseudo-R^2	0.0783	0.0789	0.0779	0.0690	0.0695	0.0685

注：括号内的数字为z值；***、**和*分别代表在1%、5%和10%的水平上显著。

表 7-6 网络位置与董事经验对并购决策的交互结果 2

被解释变量 MA_2	(1) Degree	(2) Betweenness	(3) Closeness	(4) Degree	(5) Betweenness	(6) Closeness
Centrality	0.0421 *** (5.43)	61.4585 *** (5.89)	1.6183 *** (3.51)	0.0113 (1.36)	25.3536 ** (2.22)	0.9771 ** (2.05)
Experience_1	1.5715 *** (19.42)	1.5877 *** (19.84)	1.5850 *** (20.61)			
Centrality × Experience_1	0.0552 ** (2.21)	104.7390 *** (2.79)	2.7764 *** (2.70)			
Experience_2				0.0089 *** (16.01)	0.0088 *** (16.34)	0.0093 *** (17.61)
Centrality × Experience_2				0.0005 *** (3.88)	0.6425 *** (3.37)	0.0140 ** (2.15)
Tobin's Q	0.0751 *** (6.94)	0.0730 *** (6.74)	0.0740 *** (6.83)	0.0786 *** (7.25)	0.0778 *** (7.18)	0.0786 *** (7.25)
Size	0.3832 *** (15.23)	0.3790 *** (15.05)	0.3892 *** (15.47)	0.3646 *** (14.29)	0.3630 *** (14.22)	0.3658 *** (14.33)
Liquidity	-1.7725 *** (-5.69)	-1.7885 *** (-5.74)	-1.7724 *** (-5.68)	-1.4407 *** (-4.63)	-1.4507 *** (-4.66)	-1.4414 *** (-4.63)
ROA	-0.4250 (-0.89)	-0.4140 (-0.87)	-0.3670 (-0.77)	-0.8411 * (-1.77)	-0.8661 * (-1.82)	-0.8461 * (-1.78)
Lev	0.4919 *** (3.75)	0.4886 *** (3.72)	0.4957 *** (3.77)	0.5977 *** (4.55)	0.5941 *** (4.53)	0.5866 *** (4.47)
Board	-0.0556 *** (-3.72)	-0.0594 *** (-3.96)	-0.0487 *** (-3.26)	-0.1083 *** (-7.19)	-0.1124 *** (-7.45)	-0.1079 *** (-7.17)
Indep	-0.8812 * (-1.95)	-0.9405 ** (-2.08)	-0.8225 * (-1.82)	-1.0712 ** (-2.37)	-1.1252 ** (-2.48)	-1.0573 ** (-2.33)
Duality	0.0288 (0.57)	0.0350 (0.69)	0.0300 (0.59)	0.0085 (0.17)	0.0108 (0.21)	0.0087 (0.17)
ESH	0.3867 *** (3.05)	0.4031 *** (3.18)	0.3807 *** (3.00)	0.2141 * (1.70)	0.2193 * (1.74)	0.2346 * (1.86)

续表

被解释变量 MA_2	(1) Degree	(2) Betweenness	(3) Closeness	(4) Degree	(5) Betweenness	(6) Closeness
Top1	-1.6073*** (-10.85)	-1.5985*** (-10.80)	-1.6130*** (-10.88)	-1.5802*** (-10.56)	-1.5815*** (-10.58)	-1.5635*** (-10.45)
SOE	-1.0669*** (-19.80)	-1.0662*** (-19.80)	-1.0700*** (-19.83)	-0.9670*** (-17.81)	-0.9697*** (-17.87)	-0.9685*** (-17.83)
Industry	Controlled	Controlled	Controlled	Controlled	Controlled	Controlled
Year	Controlled	Controlled	Controlled	Controlled	Controlled	Controlled
cons	-6.4725*** (-11.63)	-6.3580*** (-11.40)	-6.6886*** (-12.03)	-5.5162*** (-9.69)	-5.4224*** (-9.51)	-5.5199*** (-9.68)
N	15993	15993	15993	15993	15993	15993
Pseudo - R^2	0.0491	0.0494	0.0487	0.0471	0.0472	0.0468

注：括号内的数字为 z 值；***、**和*分别代表在 1%、5%和 10%的水平上显著。

四、网络位置、董事经验质量与并购绩效

为了检验网络位置与董事并购经验质量对并购绩效的作用，模型（7.2）也同时将这两者放入模型作为解释变量，验证对并购绩效的影响。短期并购绩效的结果见表 7-7，长期并购绩效结果见表 7-8。在短期并购绩效回归结果中，表 7-7 中的列（1）至列（3）的中心度（Centrality）系数都显著为正，董事经验质量变量（MCAR）也在 1%的水平上显著为正，这表明网络位置与董事并购经验质量对并购绩效的作用方向是相同的，都为正向促进作用。改变董事并购经验质量衡量方式之后，列（4）至列（6）也得到一致性结果，优质的董事经验（Positive）显著为正。在控制变量中，成长机会与财务咨询的系数显著为正，而并购对价方式的系数显著为负。

表7-7　　网络位置、董事经验质量与短期并购绩效的OLS回归结果

被解释变量 CAR	(1) Degree	(2) Betweenness	(3) Closeness	(4) Degree	(5) Betweenness	(6) Closeness
Centrality	0.0009 * (1.93)	0.0608 * (1.81)	1.6054 *** (2.80)	0.0010 ** (1.98)	0.0601 * (1.79)	1.6138 *** (2.81)
MCAR	0.0692 *** (3.60)	0.0698 *** (3.63)	0.0696 *** (3.63)			
Positive				0.0079 ** (2.10)	0.0078 ** (2.09)	0.0079 ** (2.11)
Tobin's Q	0.0029 *** (2.87)	0.0029 *** (2.84)	0.0029 *** (2.80)	0.0031 *** (3.06)	0.0031 *** (3.04)	0.0031 *** (2.99)
Size	0.0004 (0.21)	0.0004 (0.25)	0.0002 (0.12)	0.0004 (0.21)	0.0004 (0.25)	0.0002 (0.12)
Liquidity	0.0087 (0.40)	0.0081 (0.37)	0.0088 (0.40)	0.0083 (0.38)	0.0078 (0.36)	0.0084 (0.39)
ROA	-0.0185 (-0.48)	-0.0183 (-0.48)	-0.0173 (-0.45)	-0.0206 (-0.54)	-0.0204 (-0.53)	-0.0194 (-0.51)
Lev	-0.0074 (-0.74)	-0.0072 (-0.72)	-0.0071 (-0.71)	-0.0072 (-0.72)	-0.0070 (-0.70)	-0.0070 (-0.69)
Board	0.0011 (1.10)	0.0012 (1.22)	0.0009 (0.90)	0.0011 (1.07)	0.0012 (1.20)	0.0009 (0.88)
Indep	-0.0004 (-0.01)	0.0001 (0.00)	-0.0029 (-0.10)	-0.0009 (-0.03)	-0.0003 (-0.01)	-0.0034 (-0.11)
Duality	0.0023 (0.62)	0.0023 (0.63)	0.0023 (0.63)	0.0023 (0.63)	0.0023 (0.65)	0.0023 (0.64)
ESH	-0.0083 (-0.80)	-0.0090 (-0.87)	-0.0077 (-0.75)	-0.0086 (-0.83)	-0.0093 (-0.90)	-0.0080 (-0.78)
Top1	-0.0090 (-0.88)	-0.0098 (-0.96)	-0.0090 (-0.88)	-0.0097 (-0.95)	-0.0105 (-1.03)	-0.0097 (-0.95)

续表

被解释变量 CAR	(1) Degree	(2) Betweenness	(3) Closeness	(4) Degree	(5) Betweenness	(6) Closeness
SOE	-0.0005 (-0.15)	-0.0007 (-0.19)	-0.0007 (-0.19)	-0.0005 (-0.15)	-0.0007 (-0.18)	-0.0007 (-0.18)
Method	-0.0273*** (-2.74)	-0.0276*** (-2.77)	-0.0272*** (-2.74)	-0.0291*** (-2.93)	-0.0294*** (-2.96)	-0.0290*** (-2.92)
Consultant	0.0865*** (17.35)	0.0866*** (17.38)	0.0860*** (17.26)	0.0863*** (17.29)	0.0864*** (17.32)	0.0858*** (17.20)
Industry	Controlled	Controlled	Controlled	Controlled	Controlled	Controlled
Year	Controlled	Controlled	Controlled	Controlled	Controlled	Controlled
cons	-0.0026 (-0.07)	-0.0068 (-0.17)	0.0039 (0.10)	-0.0043 (-0.11)	-0.0086 (-0.22)	0.0020 (0.05)
N	3617	3617	3617	3617	3617	3617
Adj R^2	0.1410	0.1410	0.1420	0.1390	0.1390	0.1400
F	15.480	15.470	15.600	15.230	15.210	15.350

注：括号内的数字为 t 值；***、** 和 * 分别代表在 1%、5% 和 10% 的水平上显著。

表 7-8 中，长期并购绩效的结果与短期并购绩效结果是相同的，但是长期而言，中心度（Centrality）变量和优质董事经验变量（Positive）的显著性有所提高，说明这两种信息的融合从短期来说需要时间，从长期来看能更好地为企业服务。控制变量中，在短期并购绩效回归结果的基础上，盈利能力越好，企业规模越小，资产负债率越高，管理层持股比例越高，第一大股东持股比例越高，实际控制人为非国企时，长期并购绩效越好。而且董事经验会遏制管理层的自利行为，这也是企业聘任这类经验丰富董事的理由之一。联系前人研究，CEO 由于缺乏相关的经历经常选择不并购（Bao 和 Edmans，2011），或者过度自信的 CEO 可

能会进行价值破坏性并购，因为他们高估了潜在的协同效应和对目标的过度支付（Malmendier 和 Tate，2008），而企业具有并购经验的董事可以缓解 CEO 缺乏经验和过度自信的此类问题。

表 7-8　网络位置、董事经验质量与长期并购绩效的 OLS 回归结果

被解释变量 BHAR	(1) Degree	(2) Betweenness	(3) Closeness	(4) Degree	(5) Betweenness	(6) Closeness
Centrality	0.0107*** (2.81)	0.7940*** (3.08)	18.1670*** (4.08)	0.0104*** (2.74)	0.7964*** (3.09)	18.0983*** (4.07)
MCAR	0.5201*** (3.02)	0.5022*** (2.91)	0.5144*** (2.99)			
Positive				0.0817*** (2.76)	0.0809*** (2.74)	0.0821*** (2.78)
Tobin's Q	0.0316*** (3.39)	0.0310*** (3.32)	0.0301*** (3.23)	0.0322*** (3.45)	0.0315*** (3.38)	0.0307*** (3.30)
Size	-0.0428*** (-3.21)	-0.0423*** (-3.17)	-0.0446*** (-3.34)	-0.0433*** (-3.25)	-0.0429*** (-3.22)	-0.0452*** (-3.39)
Liquidity	0.1380 (0.80)	0.1490 (0.87)	0.1360 (0.79)	0.1430 (0.83)	0.1530 (0.89)	0.1410 (0.82)
ROA	0.7883*** (2.75)	0.7716*** (2.69)	0.7970*** (2.79)	0.7564*** (2.64)	0.7396*** (2.58)	0.7646*** (2.67)
Lev	0.1640** (2.13)	0.1643** (2.13)	0.1665** (2.16)	0.1734** (2.25)	0.1734** (2.25)	0.1758** (2.28)
Board	0.0026 (0.34)	0.0035 (0.47)	-0.0001 (-0.01)	0.0033 (0.43)	0.0041 (0.54)	0.0005 (0.06)
Indep	0.1770 (0.73)	0.1770 (0.73)	0.1380 (0.57)	0.1790 (0.74)	0.1780 (0.73)	0.1390 (0.57)
Duality	0.0103 (0.34)	0.0111 (0.37)	0.0131 (0.43)	0.0106 (0.35)	0.0115 (0.38)	0.0134 (0.45)
ESH	0.2507*** (3.01)	0.2452*** (2.94)	0.2557*** (3.07)	0.2483*** (2.98)	0.2431*** (2.92)	0.2534*** (3.04)

续表

被解释变量 BHAR	(1) Degree	(2) Betweenness	(3) Closeness	(4) Degree	(5) Betweenness	(6) Closeness
Top1	0.2461 *** (3.01)	0.2440 *** (2.99)	0.2465 *** (3.02)	0.2447 *** (2.99)	0.2426 *** (2.97)	0.2451 *** (3.00)
SOE	-0.0498 * (-1.76)	-0.0527 * (-1.86)	-0.0506 * (-1.79)	-0.0497 * (-1.75)	-0.0526 * (-1.86)	-0.0504 * (-1.79)
Method	-0.0169 (-0.22)	-0.0156 (-0.20)	-0.0135 (-0.17)	-0.0195 (-0.25)	-0.0182 (-0.23)	-0.0161 (-0.21)
Consultant	0.1365 *** (3.29)	0.1355 *** (3.27)	0.1359 *** (3.28)	0.1366 *** (3.30)	0.1355 *** (3.27)	0.1360 *** (3.29)
Industry	Controlled	Controlled	Controlled	Controlled	Controlled	Controlled
Year	Controlled	Controlled	Controlled	Controlled	Controlled	Controlled
cons	0.3290 (1.07)	0.2800 (0.91)	0.4150 (1.34)	0.2940 (0.95)	0.2470 (0.80)	0.3810 (1.23)
N	3128	3128	3128	3128	3128	3128
Adj R^2	0.0704	0.0709	0.0731	0.0700	0.0706	0.0727
F	7.235	7.280	7.486	7.194	7.252	7.452

注：括号内的数字为 t 值；***、** 和 * 分别代表在 1%、5% 和 10% 的水平上显著。

五、网络位置与董事经验质量对并购绩效的交互作用[①]

模型（7.4）是为检验网络位置与董事经验质量对并购绩效的交互作用，表 7-9 为网络位置与董事并购经验质量对短期并购绩效（CAR）交互作用的 OLS 回归结果，表 7-10 为网络位置与董事并购经验质量对长期并购绩效（BHAR）的 OLS 回归结果。表 7-9 中，前三列的中心度（Centrality）系数均与短期并

① 根据信息环境的差异进行分组检验后发现，网络位置与董事经验质量对并购绩效的正向交互作用在信息环境较差时得到加强。

购绩效显著正相关，且董事并购经验质量（MCAR）对主并公司短期并购绩效的影响在经济和统计方面（都为1%的水平上）均具有重要意义。主要的解释变量即网络中心度与董事并购经验质量的交乘项（Centrality × MCAR），其系数显著为正，说明在外部信息充足的情况下，作为企业内部信息重要来源之一的董事并购经验质量越好，即董事在过去6年中参与并购的并购绩效越好，越会积累丰富的并购经验，越能为企业提供优质的内部信息，更加有助于提高目前企业战略决策的质量。本书的假设10得到认证，即较高的董事网络中心度，结合优质的董事并购经验，就更加有利于企业短期并购绩效的提升，网络位置与董事经验质量存在互补效应，网络中心度与董事并购经验质量对企业短期并购绩效起到正向促进作用。在改变董事经验质量的衡量方式之后，我们发现，虽然接近中心度（Closeness）系数的显著性有所下降，但列（4）至列（6）的回归结果基本相同。中心度与“并购绩效为正的并购次数百分比”的交乘项系数（Centrality × Positive）显著为正，这说明优质的经验带来较好的内部信息，此时只有与较高的网络中心度相结合才能对绩效起到正向作用，而数据的回归结果基本上并不受到变量不同的影响。

表7－9　　网络位置与董事经验质量对短期并购绩效的交互结果

被解释变量 CAR	(1) Degree	(2) Betweenness	(3) Closeness	(4) Degree	(5) Betweenness	(6) Closeness
Centrality	0.0022*** (4.78)	0.0666** (1.98)	1.8162*** (3.16)	0.0009** (1.97)	0.0658** (2.01)	0.4410 (0.77)
MCAR	0.0756*** (3.94)	0.0709*** (3.70)	0.0851*** (4.35)			

续表

被解释变量 CAR	(1) Degree	(2) Betweenness	(3) Closeness	(4) Degree	(5) Betweenness	(6) Closeness
Centrality × MCAR	0. 0318 *** (4. 65)	1. 0801 *** (3. 09)	38. 2489 *** (3. 97)			
Positive				0. 0452 *** (13. 32)	0. 0483 *** (14. 35)	0. 0485 *** (14. 68)
Centrality × Positive				0. 0013 *** (4. 38)	0. 0383 ** (2. 24)	1. 2155 *** (2. 62)
Tobin's Q	0. 0030 *** (2. 97)	0. 0029 *** (2. 86)	0. 0029 *** (2. 83)	0. 0029 *** (2. 93)	0. 0031 *** (3. 13)	0. 0030 *** (2. 98)
Size	0. 0002 (0. 10)	0. 0004 (0. 22)	0. 0002 (0. 13)	-0. 0456 *** (-12. 03)	-0. 0483 *** (-12. 79)	-0. 0487 *** (-13. 08)
Liquidity	0. 0077 (0. 35)	0. 0077 (0. 36)	0. 0086 (0. 40)	0. 0048 (0. 23)	0. 0015 (0. 07)	0. 0019 (0. 09)
ROA	-0. 0191 (-0. 50)	-0. 0170 (-0. 44)	-0. 0141 (-0. 37)	-0. 0023 (-0. 06)	-0. 0022 (-0. 06)	0. 0021 (0. 06)
Lev	-0. 0076 (-0. 76)	-0. 0077 (-0. 77)	-0. 0073 (-0. 73)	-0. 0021 (-0. 21)	-0. 0030 (-0. 31)	-0. 0018 (-0. 19)
Board	0. 0006 (0. 56)	0. 0012 (1. 20)	0. 0007 (0. 72)	0. 0008 (0. 87)	0. 0011 (1. 18)	0. 0010 (1. 02)
Indep	-0. 0040 (-0. 14)	-0. 0005 (-0. 02)	-0. 0057 (-0. 19)	0. 0023 (0. 08)	0. 0047 (0. 16)	0. 0023 (0. 08)
Duality	0. 0024 (0. 66)	0. 0024 (0. 66)	0. 0022 (0. 61)	0. 0021 (0. 61)	0. 0022 (0. 61)	0. 0020 (0. 58)
ESH	-0. 0080 (-0. 78)	-0. 0095 (-0. 92)	-0. 0084 (-0. 81)	-0. 0115 (-1. 15)	-0. 0117 (-1. 16)	-0. 0120 (-1. 20)

续表

被解释变量 CAR	(1) Degree	(2) Betweenness	(3) Closeness	(4) Degree	(5) Betweenness	(6) Closeness
Top1	-0.0096 (-0.95)	-0.0104 (-1.02)	-0.0101 (-0.99)	-0.0096 (-0.97)	-0.0111 (-1.12)	-0.0110 (-1.12)
SOE	-0.0008 (-0.21)	-0.0004 (-0.12)	-0.0008 (-0.21)	-0.0011 (-0.31)	-0.0011 (-0.30)	-0.0008 (-0.24)
Method	-0.0258*** (-2.61)	-0.0266*** (-2.67)	-0.0268*** (-2.70)	-0.0174* (-1.81)	-0.0198** (-2.05)	-0.0185* (-1.92)
Consultant	0.0848*** (17.09)	0.0865*** (17.38)	0.0856*** (17.21)	0.0833*** (17.26)	0.0838*** (17.33)	0.0836*** (17.28)
Industry	Controlled	Controlled	Controlled	Controlled	Controlled	Controlled
Year	Controlled	Controlled	Controlled	Controlled	Controlled	Controlled
cons	0.0122 (0.31)	0.0025 (0.06)	0.0104 (0.26)	1.0178*** (12.10)	1.0811*** (12.86)	1.0866*** (13.15)
N	3617	3617	3617	3617	3617	3617
Adj R^2	0.1500	0.1430	0.1450	0.1960	0.1920	0.1920
F	16.200	15.360	15.660	22.020	21.490	21.510

注：括号内的数字为 t 值；***、** 和 * 分别代表在 1%、5% 和 10% 的水平上显著。

表 7-10 是针对长期并购绩效的回归结果，关键的变量，除了中介中心度（Betweenness）外，其他中心度与董事并购经验质量（Centrality × MCAR）、“并购绩效为正的并购次数百分比”的交乘项系数（Centrality × Positive）都显著为正，该结果充分证明了网络中心度越高，董事并购经验质量越好，越有利于企业长期并购绩效的提升。本书的假设 10 再次得到证据支持。短期并购绩效回归的控制变量与表 7-7 一致，长期并购绩效回归的控制变量与表 7-8 基本一致，这里不再赘述。

表 7-10　　网络位置与董事经验质量对长期并购绩效的交互结果

被解释变量 BHAR	(1) Degree	(2) Betweenness	(3) Closeness	(4) Degree	(5) Betweenness	(6) Closeness
Centrality	0.0110 *** (2.91)	0.8625 *** (3.31)	18.1075 *** (4.07)	0.0106 *** (2.80)	0.8085 *** (3.13)	18.3466 *** (4.12)
MCAR	0.5925 *** (3.39)	0.4920 *** (2.85)	0.5802 *** (3.31)			
Centrality × MCAR	0.1560 ** (2.53)	6.5230 (1.48)	146.9309 * (1.96)			
Positive				0.0857 *** (2.89)	0.0808 *** (2.73)	0.0890 *** (3.00)
Centrality × Positive				0.0180 * (1.83)	0.2550 (0.41)	28.6379 ** (2.28)
Tobin's Q	0.0315 *** (3.38)	0.0306 *** (3.29)	0.0295 *** (3.17)	0.0322 *** (3.46)	0.0314 *** (3.37)	0.0305 *** (3.28)
Size	-0.0430 *** (-3.22)	-0.0427 *** (-3.20)	-0.0450 *** (-3.37)	-0.0439 *** (-3.29)	-0.0431 *** (-3.23)	-0.0460 *** (-3.45)
Liquidity	0.1300 (0.76)	0.1470 (0.86)	0.1270 (0.74)	0.1340 (0.78)	0.1520 (0.88)	0.1280 (0.74)
ROA	0.8052 *** (2.81)	0.7792 *** (2.72)	0.8269 *** (2.89)	0.7819 *** (2.73)	0.7449 *** (2.59)	0.8007 *** (2.80)
Lev	0.1707 ** (2.21)	0.1666 ** (2.16)	0.1723 ** (2.24)	0.1762 ** (2.29)	0.1739 ** (2.26)	0.1798 ** (2.34)
Board	0.0021 (0.27)	0.0033 (0.43)	-0.0009 (-0.12)	0.0033 (0.44)	0.0040 (0.53)	0.0003 (0.04)
Indep	0.1750 (0.72)	0.1760 (0.73)	0.1320 (0.54)	0.1980 (0.82)	0.1790 (0.74)	0.1550 (0.64)
Duality	0.0125 (0.42)	0.0110 (0.37)	0.0151 (0.50)	0.0105 (0.35)	0.0115 (0.38)	0.0136 (0.45)

续表

被解释变量 BHAR	(1) Degree	(2) Betweenness	(3) Closeness	(4) Degree	(5) Betweenness	(6) Closeness
ESH	0. 2491 *** (2. 99)	0. 2445 *** (2. 94)	0. 2553 *** (3. 07)	0. 2430 *** (2. 91)	0. 2416 *** (2. 90)	0. 2484 *** (2. 99)
Top1	0. 2397 *** (2. 93)	0. 2406 *** (2. 94)	0. 2414 *** (2. 96)	0. 2389 *** (2. 92)	0. 2413 *** (2. 95)	0. 2358 *** (2. 89)
SOE	-0. 0498 * (-1. 76)	-0. 0520 * (-1. 84)	-0. 0504 * (-1. 79)	-0. 0499 * (-1. 76)	-0. 0525 * (-1. 85)	-0. 0506 * (-1. 79)
Method	-0. 0222 (-0. 28)	-0. 0180 (-0. 23)	-0. 0195 (-0. 25)	-0. 0218 (-0. 28)	-0. 0186 (-0. 24)	-0. 0199 (-0. 26)
Consultant	0. 1321 *** (3. 19)	0. 1355 *** (3. 27)	0. 1339 *** (3. 24)	0. 1350 *** (3. 26)	0. 1358 *** (3. 28)	0. 1353 *** (3. 27)
Industry	Controlled	Controlled	Controlled	Controlled	Controlled	Controlled
Year	Controlled	Controlled	Controlled	Controlled	Controlled	Controlled
cons	0. 3960 (1. 28)	0. 4090 (1. 32)	0. 4820 (1. 55)	0. 3870 (1. 25)	0. 3980 (1. 28)	0. 4800 (1. 55)
N	3128	3128	3128	3128	3128	3128
Adj R^2	0. 0721	0. 0713	0. 0739	0. 0707	0. 0704	0. 0740
F	7. 226	7. 159	7. 399	7. 100	7. 074	7. 404

注：括号内的数字为 t 值；***、** 和 * 分别代表在 1%、5% 和 10% 的水平上显著。

第四节　本章小结

本章从双重信息渠道角度出发，以 2010—2016 年我国沪深两市 A 股非金融类上市公司为样本，验证网络位置与董事经验对企业并购决策的交互作用，同时进一步检验网络位置与董事并购经验质量对企业并购绩效的互补效应，得出以下研究结论：首先，在董事网络中，具有并购经验的董事有利于企业并购决策的制定，即董事网络中心度与董事并购经验对并购决策的作用存在互补关系。其次，根据董事并购经验质量的剖析，更高的网络中心度与优质的并购经验结合有利于企业并购绩效的提升，即网络位置与董事并购经验质量对并购绩效起到正向交互作用。这两种信息来源交互作用的研究证实了外部信息与内部信息是相辅相成、互相促进的，两者在协同中获取更大的利益。研究结论证明，置身于庞大社会网络中的企业董事，其是否具有从业经验及其经验质量，在促进企业并购行为的过程中充分体现了该董事的信息软实力。一方面，通过社会网络渠道的信息传播，董事过去的并购经验为指导目前所在企业面临并购决策时做出正确判断提供了历史性借鉴；另一方面，拥有优质并购经验的董事则更加成为企业不可多得的内部信息来源，因为从成功的并购经验中总结的战略方针和指导意见将成为后续参与并购交易并提升企业并购绩效的有力武器。

第八章　研究结论与政策建议

本章内容为全书的结尾部分。首先，在第二章文献综述、第三章理论基础、第四章制度背景以及第五至第七章具体的实证研究之后，总结出本书得到的研究结论；其次，结合我国企业目前的现状提出关于如何构建董事网络、如何利用董事经验等切实可行的相关政策建议；最后，根据本书的研究现状指出本书研究的局限性，为未来的进一步研究指明思路。

第一节　研究结论

首先，本书根据信息不对称理论与社会网络理论，从并购活动事前出发，研究董事网络位置与企业并购决策的关系；进一步地，立足于并购活动事后，探究董事网络位置与并购绩效的关系。同时，关注当企业正式信息渠道受限时，董事网络这一非正式信息渠道对并购的影响。由此，作为本书第一层次的经验证据。其次，基于董事并购经验这一特殊内部信息渠道，研究董事会成员通过先前经验获得的“特殊”信息，对企业事前并购决策的影响；进一步地，将董事并购经验质量拆分为优质的并购经验与较差的并购经验，分别考察对事后并购绩效的作用。同时，也考察在企业信息环境影响下，以上两者关系是否具备一致性。由此，作为本书第二层次的经验证据。最后，本书将内部信息和外部信息相结合，考察网络位置与董事经验对并购决策会起到何种交互效应；同时，也验证了互补信息资源即网络位置与董事经验质量对并购绩效又会产生何种影响。由此，构建出本书第三层次的经验证据。本书的研究思路是根据研究背景，提出相关问题，在进行了文献回顾和理论基础的规范研究之后，结合我国的现实制度背景，进行具体的实证分析，得出本书的主要研究结论如下：

其一，本书在分析董事网络关系对企业并购信息传递作用的基础上，以 2004—2016 年我国沪深 A 股上市公司为样本，最终获得样本企业数共计 25401 个，包括 15377 个并购样本和 10024 个非并购样本，运用 Logit 模型、Tobit 模型与 OLS 模型进行实证分析。实证检验董事在网络框架下对企业并购决策及并购绩效的影响，并根据信息环境的差异进一步探究以上关系是否具备一致性。结果表明：第一，董事网络中心度与企业并购决策正相关，董事网络的中心位置意味着企业董事拥有最大限度获取信息的能力，降低信息不对称程度，以便及时把握重大投资机遇并作出科学决策。第二，社会网络传递的有效信息有助于董事更好地发挥咨询建议功能，最终获得更好的并购绩效，即董事网络中心度与企业并购绩效正相关。董事网络位置越高，意味着该董事拥有更多的信息传播渠道，进而加强董事在并购过程中的咨询建议功能，对提升并购绩效起到正向的促进作用。第三，董事网络的信息传递属于一种非正式信息渠道，其作用受到企业所处信息环境的影响。当企业所处信息环境越差时，信息传递的渠道相应越少，对董事网络所传递的非正式信息需求就越高，董事网络关系对并购带来的作用就越大。而当信息环境较好时，董事网络位置对并购决策与并购绩效的正向影响会被削弱（统计上表现为不显著）。董事网络的信息渠道与正式信息渠道是一种互相替代的关系。第四，本书在稳健性检验中考虑了规模替代效应和指标替代问题，同时为控制潜在的内生性研究，本书分别进行了固定效应回归（FE）和代理变量的两阶段最小二乘法（2SLS），证明以上研究结论并未受到规模、指标不同和内生性问题的影响，结论稳健可靠。研究结论表明，企业董事网络位置是企业非正式信息的重要来源，是发挥董事会咨询职能的重要信息来源与渠道支撑，为企业重大战略性并购决策以及规模扩张后的价值创造发挥积极的促进作用，说明在董事会构建与成员选聘的过程中，董事的社会网络位置成为企业应当予以考虑的重要因素之一，与企业的战略决策、持续发展与未来收益息息相关。同时，由于我国资本市场发展不全面、不成熟的现实情况，因而目前我国企业所处的信息环境较差。与西方发达国家所处的成熟资本市场相比，面临的信息不对称问题较为严重，更加需要董事与董事之间的社会网络关系这一非正式传播渠道为企业传递有效信息保驾护航。

其二，本书进一步关注董事并购经验，探讨其是如何影响企业并购决策，以及董事并购经验质量与企业并购绩效关系的；同时也考察了信息环境不同时，董事并购经验与并购决策、董事并购经验质量与并购绩效之间敏感性的变化。通过追踪每一位董事会成员过去 6 年是否具有并购经验，最终样本为 2010—2016 年沪深两市 A 股非金融业上市公司（即董事并购经验的样本期间为 2004—2010 年）。本书的实证结果表明：第一，董事并购经验越丰富，越能准确对目标公司进行定位与价值评估，因此企业并购概率越大。即董事先前的并购经验与目前企业的并购决策呈正相关关系。第二，董事并购经验质量越好，即董事在过去 6 年中参与并购的短期并购绩效越好，越会积累丰富的并购经验，越有助于提高目前企业战略决策的质量。同时将董事并购经验质量进行分解后发现，优质的并购经验有利于企业并购绩效的提升。第三，区分企业的信息环境，则董事经验对并购的促进作用主要存在于企业信息环境较差的情况下，即当信息环境较差时，董事并购经验与并购决策的敏感性越强，同时董事并购经验质量对并购绩效的正向作用在企业信息环境较差时会加强。第四，考虑到董事会组成的内生性质，解决“公司—董事”之间的非随机匹配问题，本书通过采用工具变量（Ⅳ）进行两阶段最小二乘回归，证明研究结论可靠。研究结论表明，在企业成长过程中，并购是我国企业外部扩张过程中的最重要方式，也是重要的战略机遇。董事的经验学习为企业提供重要的内部信息，同时也使企业具备专业的并购管理知识。作为战略决策智囊团的董事会成员应认真从以往的并购经验中学习，从成功案例中总结优质经验，强化成功的并购管理程序；同时也要从失败案例中汲取教训，从中得到启示。总之，董事要不断提高自身的并购能力，更广泛参与到企业并购活动中去，特别是从应对复杂并购经历中总结经验，从而为本企业制定有效的并购策略提供帮助，提升并购绩效。

其三，本书以2010—2016年我国沪深A股非金融类上市公司为样本，验证网络位置与董事经验对企业并购决策的交互作用，同时进一步检验网络位置与董事并购经验质量对企业并购绩效的互补效应。研究发现：第一，在董事网络中，具有并购经验的董事有利于企业并购决策的制定，即网络位置与董事并购经验对并购决策的作用存在互补关系。第二，更高的网络中心度与优质的并购经验相结合有利于企业并购绩效的提升，即网络位置与董事并购经验质量对并购绩效起到正向交互作用。研究结论表明，外部信息与内部信息是相辅相成、互相促进的，两者在协同中使企业获取更大的利益。研究结论证明，置身于庞大社会网络中的企业董事，其是否具有从业经验及其经验质量在促进企业并购行为的过程中充分体现了该董事的信息软实力。一方面，通过社会网络渠道的信息传播，董事过去的并购经验为指导目前所在企业面临并购决策时做出正确判断提供了历史性借鉴；另一方面，拥有优质并购经验的董事则更加成为企业不可多得的内部信息来源，从成功的并购经验中总结的战略方针与指导意见将成为后续参与并购交易并提升企业并购绩效的有力武器。

第二节　政策建议

本书研究发现，董事获取的各种并购信息是获得并购成功概率及提升并购绩效的关键所在。董事网络位置和董事经验分别从外部渠道和内部来源角度为董事会提供信息，两者的交互作用可以加强这种效应。结合本书的研究结论，我们提出以下政策建议：

第一，要合理利用董事网络位置的优势。基于董事网络位置是企业重要的外部信息渠道这一结论，本书认为应从以下几方面来合理利用董事网络位置优势，最大化董事的内在效益。首先，应从董事网络的源头开始，加强董事的遴选工作。网络位置越高的董事，获取的信息渠道来源越广，获得的信息质量越优，因此相较于网络位置较低的董事，我们要特别重视这一类网络位置较高的董事群体，特别是要“重质甚于重量”，所以企业在选择董事的阶段就要十分慎重。在遴选董事时，要充分考虑企业层面和董事层面两个角度的具体情况，如董事是否与企业目前制定的战略与资源相匹配，董事加入该企业董事会之后的董事会结构是否合理、有效，该董事自身的知识结构和技能如何，等等。从具体操作的执行层面来看，企业应当制定科学、规范的选择制度和选择程序。在遴选工作结束之后，确定每一位董事的“人力资本”的价值，如社会资源、个人能力、社会威望等，从而根据董事间的兼任关系获取企业所需资源与信息，最终目的是实现企业的协调与控制。目前也存在大量的企业为了控制或者协调与其他公司的关系而往该公司进行派驻董事的行为，因而董事会治理作为公司治理的重要组成部分，需要发挥这类董事在制定战略、获取资源、协调企业间关系等各方面的作用。其次，合理利用董事网络位置在并购过程中的信息传递和组织协调功能，促进并购价值的创造。董事网络位置有助于企业准确定位目标公司，减少信息搜索成本，进而解决并购过程中非常复杂、烦琐（如交易谈判、方案设计、法律咨询）的一系列问题，并且也能在并购完成后减少并购整合过程中的不确定性，降低目标公司高管和员工的抵制成本，同时当企业在并购后面临业务战略转型、组织文化冲突、人力资源管理等问题时，董事还可以从网络中找出现有案例进行参考，提升企业并购整合能力，最终完成并购协同效应目标。最后，要注意保持董事网络的相对稳定性。只有在董事网络保持相对稳定性的前提之下，董事才能发挥其功能和作用。但是董事网络要保持绝对稳定性与现实情况是不符的，企业间不可能保持绝对不变的连锁关系。一旦企业的投资或者控制情况发生变化，或者说某位董事退出某一家董事会或者加入新的企业，那么既有的董事网络就会发生较大的变化，甚至于消亡。综上所述，企业要根据自身的发展情况和制定的战略方向来选择董事，并在此过程中维持董事网络的相对稳定性，从而更加有利于企业的可持续性发展。

第二，要恰当利用董事的并购经验。基于董事经验是企业重要的内部信息来源这一结论，本书认为应从以下几方面来恰当利用董事经验的优势。首先，企业应该认识到经历不等于经验。单纯的并购经历次数的增加并不会天然地形成经验，促进绩效的提升，从而提高其并购的能力。董事获得经验和提高能力的最重要过程应该是学习。董事只有经过有选择性地学习并吸收，才能使经历转化为经验。董事要对过去的并购经历进行分类，如果是成功的经验，则可以形成“榜样目录”，强化成功的并购管理程序，使之运用到企业之后的并购活动中去；如果之前的并购活动是失败的，那么应该厘清哪个环节出了问题，从中总结教训，避免发生同类错误。如此循环往复，最后成功的经历和失败的经历才能转化为有利于企业的并购经验。其次，董事要合理使用其并购经验，使之作用于现有决策。当然在运用经验的过程中要特别注意到并购战略制定和实施过程中的惯性问题，要结合企业自身的发展状况及外部环境的变化进行及时的战略性调整。最后，除了重视董事经验外，还需要重视其他员工的学习情况，在企业内部号召全员学习，充分调动员工学习的积极性和主动性，在企业内部形成学习型的企业文化，最终提高企业效率。

第三，政府和监管部门等组织应该对企业进行正确引导，出台相应的产业扶持政策，促进产业的规模化和集中化，使企业通过并购实现经济结构的调整和升级，从而提高生产和经营效率。具体来说，首先，鉴于我国资本市场的不健全，政府要在建立健全相关法律法规的基础上，完善资本市场的监管制度，为企业提供一个公平的市场环境，使并购活动在法律的监督下有效运行。其次，要充分给予企业发挥的空间和灵活性、自主性，减少对企业的各种行政干预。结合我国的现实情况，在我国处于计划经济之下时，并购几乎是以政府为主导的，在早期确实起到了稳定市场、保护投资者以及促进产业升级的作用。但是随着我国资本市场的发展，政府主导型并购已经不符合我国企业发展的需要，并暴露了各种弊端。现阶段，政府对企业的影响已从具体微观向宏观管理转化，企业应从自身战略发展需求出发进行并购活动，政府在此过程中应该起到引导的辅助作用。最后，董事网络是由于董事兼任而建立起的企业间联系的一种非正式关系机制，是企业的非正式信息渠道，并且当正式信息渠道受限时，董事网络这一非正式信息渠道在缓解各种风险和不确定性时能起到重要作用，因此能促进并购双方并购价值的创造。但是，在实践中，许多企业的管理者未能对董事网络的功能进行充分的认知和有效的利用，董事网络可能因此难以在并购过程中发挥应有的作用。政府可根据董事网络对企业并购带来的经济后果，制定和完善相关法律法规，引导企业管理者充分认知和有效利用董事网络对企业并购带来的有利影响，促进并购创造协同效应，提高资源配置效率。

第四，我国公司治理还处于逐步完善的过程中，我国大部分企业并未达到现代企业治理结构和规范的要求，因而在并购时往往会碰见各种难题，这就需要专业咨询机构发挥作用。虽然专业人员对并购决策和并购绩效都具有显著的正向提升作用，但是目前我国的现实情况是仅有少量企业聘任了专门的咨询顾问。根据2008 年出具的《上市公司并购重组财务顾问业务管理办法》，“上市公司并购重组财务顾问业务是指为上市公司的收购等具有重大影响的并购重组活动提供交易估值、方案设计、出具专业意见等专业服务”。如果主并公司在其并购进程中聘请了专业咨询顾问，由于专业人员具备对并购信息的挖掘和加工功能，因此在经济与行业的发展背景以及目标公司的资源特征方面，这些专业人员会提供非常专业的信息与服务，进而降低并购的不确定性和风险，提高并购决策的质量。这说明未来企业在衡量各项投入考量时，咨询投入是未来企业的重要方面。

第五，在社会交往过程中，一些隐蔽性的董事间关系，比如老乡关系、校友关系以及俱乐部成员关系等（谢德仁和陈运森，

2012；陈仕华等，2013），虽然没有董事兼任形成的关系那么正式，但是也可能在并购过程中发挥信息传递和组织协调作用，并对并购价值创造产生积极的影响。当建立正式的董事间关系存在障碍时，也可以考虑建立上述“隐蔽性”的董事关系，或许会在并购价值的创造过程中能取得一定的效果。

第三节　研究局限与未来展望

本书的研究具有一定的理论和现实意义，但是由于研究问题的复杂性和作者研究水平所致，仍存在着以下研究局限。

首先，本书分别考察了董事网络与董事经验对企业并购的影响，也验证了两者交互之后的互补效应。由于获取非上市公司数据难度非常大，因此选取样本中将主并方上市公司作为研究对象，但是上市公司和非上市公司并购动机存在一定程度差异。目前，我国资本市场中的并购活动，大部分非上市公司都是目标对象，而非上市公司并未受到资本市场监管规范中“关于强制信息披露”的要求，财务报表也不需要会计师事务所的强制性审计。如此一来，信息的可靠性无法保证，也难以进行行业和年份之间的横向、纵向比较，主并公司在对目标公司进行定位和估值时，需要更多的精力和成本，使并购进程更加缓慢。这将会对本书研究结论造成一定程度偏误，未来在可行的条件下，需弥补这一方面的不足。

其次，本研究仅考虑董事网络关系对并购行为的影响，但是公司还存在着股东网络、高管网络和员工网络等，不同网络的联系对并购决策与并购绩效的影响是否有所不同，需要进一步拓展分析。同时本书在董事网络研究过程中并不区分独立董事和内部董事，并且国外学者关于董事网络的研究文献也并未区分，主要原因是成熟的资本市场国家，根据现代企业制度，其设置的独立董事比例往往较高，一般都在 60%—70%，而我国作为转型和新兴的资本市场国家，目前企业要求独立董事达到董事会人数的三分之一即可，在董事制度的监管、效果以及董事会的独立性等方面都有很大区别，从而使董事网络关系的特点并不一样，所以今后基于中国背景的网络关系研究，要注重西方方法和本土文化的融合。

最后，本书在研究董事并购经验过程中，关于“董事并购经验”和“董事并购经验质量”这两个主变量，主要是从独立董事两届任期角度考虑，追踪了每一位董事过去 6 年的并购经验，可能在一定程度上降低了并购经验衡量的精度，未来要弥补这一方面的不足。

参考文献

一、中文部分

[1] 曹廷求、张钰、刘舒：《董事网络、信息不对称和并购财富效应》，载于《经济管理》2013 年第 8 期。

[2] 曾颖、陆正飞：《信息披露质量与股权融资成本》，载于《经济研究》2006 年第 2 期。

[3] 曾颖：《资产注入：支付手段与市场反应》，载于《证券市场导报》2007 年第 10 期。

[4] 陈健、席酉民、郭菊娥：《国外并购绩效评价方法研究综述》，载于《当代经济科学》2005 年第 3 期。

[5] 陈仕华、姜广省、卢昌崇：《董事联结、目标公司选择与并购绩效——基于并购双方之间信息不对称的研究视角》，载于《管理世界》2013 年第 12 期。

[6] 陈仕华、卢昌崇、姜广省，等：《国企高管政治晋升对企业并购行为的影响——基于企业成长压力理论的实证研究》，载于《管理世界》2015 年第 9 期。

[7] 陈仕华、卢昌崇：《企业间高管联结与并购溢价决策——基于组织间模仿理论的实证研究》，载于《管理世界》2013 年第 5 期。

[8] 陈收、戴代强、雷辉：《并购对主并购公司效率影响研

究》，载于《财经理论与实践》2005年第6期。

[9] 陈小林、孔东民：《机构投资者信息搜寻、公开信息透明度与私有信息套利》，载于《南开管理评论》2012年第1期。

[10] 陈运森、谢德仁：《网络位置、独立董事治理与投资效率》，载于《管理世界》2011年第7期。

[11] 陈运森、郑登津：《董事网络关系、信息桥与投资趋同》，载于《南开管理评论》2017年第3期。

[12] 程兆谦：《国外知识视角下的购并研究回顾与展望》，载于《外国经济与管理》2011年第4期。

[13] 崔永梅、张秋生、袁欣：《企业并购与重组》，大连出版社2013年版。

[14] 杜晓君、刘赫：《跨国并购战略类型、组织因素与企业成长》，载于《国际贸易问题》2010年第6期。

[15] 方军雄：《我国上市公司信息披露透明度与证券分析师预测》，载于《金融研究》2007年第6期。

[16] 方军雄：《政府干预、所有权性质与企业并购》，载于《管理世界》2008年第9期。

[17] 高见、陈歆玮：《中国证券市场资产重组效应分析》，载于《经济科学》2000年第1期。

[18] 龚辉锋、茅宁：《咨询董事、监督董事与董事会治理有效性》，载于《管理科学学报》2014年第2期。

[19] 郭冰、吕巍、周颖：《公司治理、经验学习与企业连续并购——基于我国上市公司并购决策的经验证据》，载于《财经研究》2011年第10期。

[20] 郭卫锋、周建、宫慧：《企业并购经验、董事会特征对并购战略决策影响研究》，载于《现代管理科学》2015年第7期。

[21] 韩洁、田高良、杨宁：《连锁董事与并购目标选择：基于信息传递视角》，载于《管理科学》2014 年第 2 期。

[22] 黄灿、李善民、庄明明，等：《内幕交易与股价同步性》，载于《管理科学》2017 年第 6 期。

[23] 姜付秀、黄继承：《CEO 财务经历与资本结构决策》，载于《会计研究》2013 年第 5 期。

[24] 姜付秀、张敏、刘志彪：《并购还是自行投资：中国上市公司扩张方式选择研究》，载于《世界经济》2008 年第 8 期。

[25] 姜付秀、张敏、陆正飞，等：《管理者过度自信、企业扩张与财务困境》，载于《经济研究》2009 年第 1 期。

[26] 蒋德权、章贵桥、俞俊利：《高管网络、产权性质与企业投资效率》，载于《山西财经大学学报》2016 年第 10 期。

[27] 李善民、曾昭灶：《控制权转移的背景与控制权转移公司的特征研究》，载于《经济研究》2003 年第 11 期。

[28] 李善民、陈玉罡：《上市公司兼并与收购的财富效应》，载于《经济研究》2002 年第 11 期。

[29] 李善民、黄灿、史欣向：《信息优势对企业并购的影响——基于社会网络的视角》，载于《中国工业经济》2015 年第 11 期。

[30] 李善民、毛雅娟、赵晶晶：《高管持股、高管的私有收益与公司的并购行为》，载于《管理科学》2009 年第 6 期。

[31] 李善民、周小春：《公司特征、行业特征和并购战略类型的实证研究》，载于《管理世界》2007 年第 3 期。

[32] 李善民、朱滔：《多元化并购能给股东创造价值吗》，载于《管理世界》2006 年第 3 期。

[33] 李善民、朱滔：《管理者动机与并购绩效关系研究》，

载于《经济管理》2005 年第 4 期。

［34］李栓久、陈维政：《个人学习、团队学习和组织学习的机理研究》，载于《西南民族大学学报（人文社科版)》2007 年第 9 期。

［35］梁上坤：《媒体关注、信息环境与公司费用粘性》，载于《中国工业经济》2017 年第 2 期。

［36］林俊荣、张秋生：《目标公司特征识别研究及其改进》，载于《华东经济管理》2012 年第 6 期。

［37］林钟高、徐虹、芮晨：《外部盈利压力、内部控制与上市公司并购》，载于《审计与经济研究》2016 年第 3 期。

［38］卢昌崇、陈仕华、Joachim Schwalbach：《连锁董事理论：来自中国企业的实证检验》，载于《中国工业经济》2006 年第 1 期。

［39］卢昌崇、陈仕华：《断裂联结重构：连锁董事及其组织功能》，载于《管理世界》2009 年第 5 期。

［40］罗家德：《社会网分析讲义（第 2 版)》，北京社会科学文献出版社 2010 年版。

［41］马光荣、杨恩艳：《社会网络、非正规金融与创业》，载于《经济研究》2011 年第 3 期。

［42］马海峰、蔡阳：《我国上市公司并购目标特征的实证研究》，载于《江西农业大学学报（社会科学版)》2006 年第 3 期。

［43］潘红波、夏新平、余明桂：《政府干预、政治关联与地方国有企业并购》，载于《经济研究》2008 年第 4 期。

［44］潘红波、余明桂：《支持之手、掠夺之手与异地并购》，载于《经济研究》2011 年第 9 期。

［45］潘越、戴亦一、林超群：《信息不透明、分析师关注

与个股暴跌风险》，载于《金融研究》2011 年第 9 期。

［46］邱伟年、欧阳静波：《外资并购与民营并购绩效的比较研究——基于 1995—2009 年经验数据》，载于《国际贸易问题》2011 年第 8 期。

［47］舒博：《国有上市公司与非国有上市公司并购绩效的实证比较》，载于《企业经济》2008 年第 10 期。

［48］宋希亮、张秋生、初宜红：《我国上市公司换股并购绩效的实证研究》，载于《中国工业经济》2008 年第 7 期。

［49］苏诚：《连锁董事网中公司并购行为的同群效应》，载于《华东经济管理》2017 年第 1 期。

［50］孙轶、武常岐：《企业并购中的风险控制：专业咨询机构的作用》，载于《南开管理评论》2012 年第 4 期。

［51］唐建新、陈冬：《地区投资者保护、企业性质与异地并购的协同效应》，载于《管理世界》2010 年第 8 期。

［52］唐雪松、申慧、杜军：《独立董事监督中的动机——基于独立意见的经验证据》，载于《管理世界》2010 年第 9 期。

［53］田高良、韩洁、李留闯：《连锁董事与并购绩效——来自中国 A 股上市公司的经验证据》，载于《南开管理评论》2013 年第 6 期。

［54］童馨乐、褚保金、杨向阳：《社会资本对农户借贷行为影响的实证研究——基于八省 1003 个农户的调查数金融研究》，载于《管理世界》2011 年第 12 期。

［55］万良勇、胡璟：《网络位置、独立董事治理与公司并购——来自中国上市公司南开管理评论》，载于《管理世界》2014 年第 2 期。

［56］万良勇、郑小玲：《董事网络的结构洞特征与公司并购》，载于《会计研究》2014 年第 5 期。

[57] 王化成、孙健、邓路，等：《控制权转移中投资者过度乐观了吗》，载于《管理世界》2010 年第 2 期。

[58] 王江石、贺铟璇、李玉兰：《股权分置改革与收购公司短期并购绩效》，载于《东北财经大学学报》2011 年第 1 期。

[59] 魏刚、肖泽忠、Nick Travlos，等：《独立董事背景与公司经营绩效》，载于《经济研究》2007 年第 3 期。

[60] 魏乐、张秋生、赵立彬：《连锁董事网络对企业并购影响的实证研究》，载于《西北农林科技大学学报（社会科学版）》2013 年第 3 期。

[61] 巫岑、唐清泉：《关联并购具有信息传递效应吗？——基于企业社会资本的视角》，载于《审计与经济研究》2016 年第 12 期。

[62] 吴超鹏、吴世农、郑方镳：《管理者行为与连续并购绩效的理论与实证研究》，载于《管理世界》2008 年第 7 期。

[63] 吴建祖、陈丽玲：《高管团队并购经验与企业海外并购绩效：高管团队薪酬差距的调节作用》，载于《管理工程学报》2017 年第 4 期。

[64] 吴战篪、李晓龙：《内部人抛售、信息环境与股价崩盘》，载于《会计研究》2015 年第 6 期。

[65] 谢德仁、陈运森：《董事网络：定义、特征和计量》，载于《会计研究》2012 年第 3 期。

[66] 谢志华、张庆龙、袁蓉丽：《董事会结构与决策效率》，载于《会计研究》2011 年第 1 期。

[67] 徐丹丹、刘淑莲：《我国上市公司并购价值的实证研究》，载于《会计师》2010 年第 4 期。

[68] 阎大颖：《国际经验、文化距离与中国企业海外并购的经营绩效》，载于《经济评论》2009 年第 1 期。

[69] 杨汝岱、陈斌开、朱诗娥：《基于社会网络视角的农户民间借贷需求行为研究》，载于《经济研究》2011 年第 11 期。

[70] 姚小涛、席酉民：《社会网络理论及其在企业研究中的应用》，载于《西安交通大学学报（社会科学版）》2003 年第 3 期。

[71] 叶康涛、祝继高、陆正飞，等：《独立董事的独立性：基于董事会投票的证据》，载于《经济研究》2011 年第 1 期。

[72] 于东智、池国华：《董事会规模、稳定性与公司绩效：理论与经验分析》，载于《经济研究》2004 年第 4 期。

[73] 余光、杨荣：《企业购并股价效应的理论分析和实证分析》，载于《当代财经》2000 年第 7 期。

[74] 张其仔：《新经济社会学》，中国社会科学出版社 2001 年版。

[75] 张新：《并购重组是否创造价值？——中国证券市场的理论与实证研究》，载于《经济研究》2003 年第 6 期。

[76] 张学平：《外资并购绩效的实证研究》，载于《管理世界》2008 年第 10 期。

[77] 张宗新、季雷：公司购并利益相关者的利益均衡吗？——基于公司购并动因的风险溢价套利分析》，载于《经济研究》2003 年第 6 期。

[78] 赵本光：《“壳”公司的选择与价格决定》，载于《外向经济》2000 年第 6 期。

[79] 赵勇、朱武祥：《上市公司兼并收购可预测性》，载于《经济研究》2000 年第 4 期。

[80] 朱红军、汪辉：《并购的长期财富效应——经验分析结果与协同效应解释》，载于《财经研究》2005 年第 9 期。

［81］朱滔：《上市公司并购的短期和长期股价表现》，载于《当代经济科学》2006 年第 3 期。

［82］祝文峰、左晓慧：《公司并购中目标公司绩效问题研究》，载于《经济问题》2011 年第 6 期。

二、英文部分

[1] Adams, R. B., and Ferrera, D., A Theory of Friendly Boards. *Journal of Finance*, Vol. 62, No. 1, 2007, pp. 217 –250.

[2] Adams, R., and Hermalin, B., Weisbach, M., The Role of Boards of Directors in Corporate Governance: a Conceptual Framework and Survey. *Journal of Economic Literature*, No. 48, 2010, pp. 58 –107.

[3] Agrawal, A., and Jaffe, J. F., *The Post –merger Performance Puzzle*. Emerald Group Publishing Limited, 2000.

[4] Ahern, K. R., Bargaining Power and Industry Dependence in Mergers. *Journal of Financial Economics*, Vol. 103, No. 3, 2012, pp. 530 –550.

[5] Ahn, S., Jiraporn, P., and Kim, Y. S., Multiple Directorships and Acquirer Returns. *Journal of Banking and Finance*, Vol. 34, No. 9, 2010, pp. 2011 –2026.

[6] Ahuja, G., Collaboration Networks, Structural Holes and Innovation: A Longitudinal Study. *Administrative Science Quarterly*, No. 45, 2000, pp. 425 –455.

[7] Aktas, N., Bodt, E. D., and Roll, R., Serial Acquirer Bidding: An Empirical Test of The Learning Hypothesis. *Journal of Corporate Finance*, Vol. 17, No. 1, 2011, pp. 18 –32.

[8] Alcalde, N., and Espitia, M., The Characteristics of

Takeover Targets: The Spanish Experience 1991 – 1997. *Journal of Management and Governance*, Vol. 7, No. 1, 2003, pp. 1 – 26.

[9] Amburgey, T. L., and Miner, A. S., Strategic Momentum: The effects of Repetitive, Positional, and Contextual Momentum on Merger Activity. *Strategic Management Journal*, Vol. 13, No. 5, 1992, pp. 335 – 348.

[10] Andrade, G., Mitchell, M., and Stafford, E., New Evidence and Perspectives on Mergers. *Journal of Economic Perspectives*, Vol. 15, No. 2, 2001, pp. 103 – 120.

[11] Ang, E. T., and Kohers, N., The Take – over Market for Privately Held Companies: The US Experience. *Cambridge Journal of Economics*, Vol. 25, No. 6, 2001, pp. 723 – 748.

[12] Argyris, C., and Schon, D. A., *Organizational Learning: A Theory of Action Perspective. Addison – Wesley*, 1978, pp. 419 – 427.

[13] Arrow, K. J., Vertical Integration and Communication. *Bell Journal of Economics*, Vol. 6, No. 1, 1975, pp. 173 – 183.

[14] Asquith, P., Bruner, R. F., and Mullins, D. W., The Gains to Bidding Firms from Merger. *Journal of Financial Economics*, Vol. 11, No. 1, 1983, pp. 121 – 139.

[15] Ball, R., and Brown, P., An Empirical Evaluation of Accounting Income Numbers. *Journal of Accounting Research*, Vol. 6, No. 2, 1968, pp. 159 – 178.

[16] Bao, J., and Edmans, A., Do Investment Banks Matter for M&A Returns. *Review of Financial Studies*, Vol. 24, No. 7, 2011, pp. 2286 – 2315.

[17] Barkema, H. G., Bell, J. H. J., and Pennings, J. M., Foreign Entry, Cultural Barriers, and Learning. *Strategic Management*

Journal, Vol. 17, No. 2, 1996, pp. 151 – 166.

[18] Basu, D., Dastidar, S. G., and Chawla, D., Corporate Mergers and Acquisitions in India Discriminating between Bidders and Targets. *Global Business Review*, Vol. 9, No. 9, 2008, pp. 207 – 218.

[19] Beckman, C. M., and Haunschild, P. R., Network Learning: The Effects of Partners' Heterogeneity of Experience on Corporate Acquisitions. *Administrative Science Quarterly*, Vol. 47, No. 1, 2002, pp. 92 – 124.

[20] Bouwman, C. H. S., and Yuhai Xuan, *Director Overlap and Firm Financial Policies*. Social Science Electronic Publishing, 2010.

[21] Bower, G. H., and Hilgard, E. R., *Theories of Learning*, Englewood Cliffs, NJ: Prentice Hall, 1981.

[22] Bradley, M., Interfirm Tender Offers and the Market for Corporate Control. *Journal of Business*, Vol. 53, No. 4, 1980, pp. 345 – 376.

[23] Bradley, M., Desai, A., and Kim, E. H., Synergistic Gains from Corporate Acquisitions and Their Division between the Stockholders of Target and Acquiring Firms. *Journal of Financial Economics*, Vol. 21, No. 1, 1988, pp. 3 – 40.

[24] Brar, G., Giamouridis, D., and Liodakis, M., Predicting European Takeover Targets. *European Financial Management*, Vol. 15, No. 2, 2009, pp. 430 – 450.

[25] Brown, S. J., and Warner, J. B., Using Daily Stock Returns: The Case of Event Studies. *Journal of Financial Economics*, Vol. 14, No. 1, 1985, pp. 3 – 31.

[26] Bruner, R. F. , Does M&A Pay? A Survey of Evidence for the Decision – maker. *Journal of Applied Finance*, Vol. 12, No. 1, 2002, pp. 48 –68.

[27] Bruner, R. F. , *Applied Mergers and Acquisitions.* John Wiley & Sons Inc, Hoboken, NJ, 2004.

[28] Bruton, G. D. , Oviatt, B. M. , and White, M. A. , Performance of Acquisitions of Distressed Firms. *Academy of Management Journal*, Vol. 37, No. 4, 1994, pp. 972 –989.

[29] Burt, R. S. , *Structure Holes: The Social Structure of Competition.* Orlando: Academic Press, 1992.

[30] Cai, Y. , and Sevilir, M. , Board Connections and M&A Transactions. *Journal of Financial Economics*, Vol. 103, No. 2, 2012, pp. 327 –349.

[31] Capron, L. , The Long – term Performance of Horizontal Acquisitions. *Strategic Management Journal*, Vol. 20, No. 11, 1999, pp. 987 –1018.

[32] Capron, L. , and Pistre, N. , When do Acquirers Earn Abnormal Returns. *Strategic Management Journal*, Vol. 23, No. 9, 2010, pp. 781 –794.

[33] Chatterjee, R. , and Kuenzi, A. , *Mergers and Acquisitions: The Influence of Methods of Payment on Bidders' Share Price.* University of Cambridge, 2001.

[34] Chatterjee, S. , Types of Synergy and Economic Value: The Impact of Acquisitions on Merging and Rival Firms. *Strategic Management Journal*, Vol. 7, No. 2, 1986, pp. 119 –139.

[35] Chikh, S. , and Filbien, J. Y. , Acquisitions and CEO Power: Evidence from French Networks. *Journal of Corporate Finance*,

Vol. 17, No. 5, 2011, pp. 1221 – 1236.

[36] Cohen, L., Frazzini, A., and Malloy, C., Sell – Side School Ties. *Journal of Finance*, Vol. 65, No. 4, 2010, pp. 1409 – 1437.

[37] Davies, M., Pick a Winner: How to Select the Right Acquisition Target. *CMA Magazine*, Vol. 85, No. 4, 2011, pp. 18 – 19.

[38] Davis, G. F., Agents without Principles? The Spread of the Poison Pill through the Intercorporate Network. *Administrative Science Quarterly*, Vol. 36, No. 4, 1991, pp. 583 – 613.

[39] Delong, G. L., Stockholder Gains from Focusing versus Diversifying Bank Mergers. *Journal of Financial Economics*, Vol. 59, No. 2, 2004, pp. 221 – 252.

[40] Demb, A., and Neubauer, F. F., *The Corporate Board*. Oxford University Press, 1992.

[41] Depamphilis, D. M., *Mergers, Acquisitions, and Other Restructuring Activities: an Integrated Approach to Process, Tools, Cases, and Solutions*. Amsterdam, London: Elsevier Academic Press, 2005.

[42] Dietrich, J. K., and Sorensen, E., An Application of Logit Analysis to Prediction of Merger Targets. *Journal of Business Research*, Vol. 12, No. 3, 1984, pp. 393 – 402.

[43] Dodd, P., Merger Proposals, Management Discretion and Stockholder Wealth. *Journal of Financial Economics*, Vol. 8, No. 2, 1980, pp. 105 – 137.

[44] Dodd, P., and Ruback, R., Tender Offers and Stockholder Returns: An Empirical Analysis. *Journal of Financial Economics*, Vol. 5, No. 3, 1977, pp. 351 – 373.

[45] Eckbo, B. E., and Thorburn, K. S., Gains to Bidder Firms Revisited: Domestic and Foreign Acquisitions in Canada. *Journal of Financial and Quantitative Analysis*, Vol. 35, No. 1, 2000, pp. 1 - 25.

[46] El - Khatib, R., Fogel, K., and Jandik, T., CEO Network Centrality and Merger Performance. *Journal of Financial Economics*, Vol. 116, No. 2, 2015, pp. 349 - 382.

[47] Erdogan, A. I., The Determinants of Mergers and Acquisitions: Evidence from Turkey. *International Journal of Economics and Finance*, Vol. 4, No. 4, 2012, pp. 72.

[48] Ericsson, K. A., and Lehmann, A. C., Expert and Exceptional Performance: Evidence of Maximal Adaptation to Task Constraints. *Annual Review of Psychology*, No. 47, 1996, pp. 273 - 305.

[49] Etheridge, D. R., Power and Information: The Effect of Board Networks on Mergers and Acquisitions. *SSRN Working Paper Series*, 2010.

[50] Faccio, M., and Masulis, R. W., The Choice of Payment Method in European Mergers and Acquisitions. *Journal of Finance*, Vol. 60, No. 3, 2005, pp. 1345 - 1388.

[51] Fama, E. F., Fisher, L., and Jensen, M. C., et al. The Adjustment of Stock Prices to New Information. *International Economic Review*, Vol. 10, No. 1, 1969, pp. 1 - 21.

[52] Fernandes, N., and Ferreira, M. A., Insider Trading Laws and Stock Price Informativeness. *The Review of Financial Studies*, Vol. 22, No. 5, 2009, pp. 1845 - 1887.

[53] Field, L. C., and Mkrtchyan, A., The Effect of Director Experience on Acquisition Performance. *Journal of Financial Econom-*

ics, No. 123, 2017, pp. 488 –511.

[54] Finkelstein, S., The Effects of Strategic and Market Complementarity on Acquisition Performance: Evidence from the US Commercial Banking Industry, 1989 –2001. *Strategic Management Journal*, Vol. 30, No. 6, 2009, pp. 617 –646.

[55] Finkelstein, S., and Haleblian, J., Understanding Acquisition Performance: The Role of Transfer Effects. *Organization Science*, Vol. 13, No. 1, 2002, pp. 36 –47.

[56] Firth, M., Takeovers, Shareholder Returns, and The Theory of The Firm. *The Quarterly Journal of Economics*, Vol. 94, No. 2, 1980, pp. 235 –260.

[57] Fracassi, C., Corporate Finance Policies and Social Networks. *SSRN Working Paper Series*, 2008.

[58] Fracassi, C., and Tate, G., External Networking and Internal Firm Governance. *Journal of Finance*, Vol. 67, No. 1, 2012, pp. 153 –194.

[59] Franks, J., Harris, R., and Titman, S., The Post –Merger Share –price Performance of Acquiring Firms. *Journal of Financial Economics*, Vol. 29, No. 1, 1991, pp. 81 –96.

[60] Freeman, L. C., Centrality in Social Networks Conceptual Clarification. *Social Networks*, Vol. 1, No. 3, 1979, pp. 215 –239.

[61] Fuller, K., Netter, J., and Stegemoller, M., What do Returns to Acquiring Firms tell us? Evidence from Firms that Make Many Acquisitions. *The Journal of Finance*, Vol. 57, No. 4, 2002, pp. 1763 –1793.

[62] Gompers, P. A., and Xuan, Y., The Role of Venture Capitalists in the Acquisition of Private Companies. *SSRN Working Pa-*

per Series, 2008.

[63] Granovetter, M. S., The Strength of Weak Ties. *American Journal of Sociology*, Vol. 78, No. 6, 1973, pp. 1360 – 1380.

[64] Granovetter, M., Economic Action and Social Structure: The Problem of Embeddedness. *American Journal of Sociology*, Vol. 91, No. 3, 1985, pp. 481 – 510.

[65] Gregory, A., An Examination of the Long Run Pattern of UK Acquiring Firms. *Journal of Business Finance and Accounting*, Vol. 24, No. 7 – 8, 1997, pp. 971 – 1002.

[66] Gulati, R., Social Structure and Alliance Formation Pattern: a Longitudinal Analysis. *Administrative Science Quarterly*, No. 40, 1995, pp. 619 – 652.

[67] Haleblian, J., and Finkelstein, S., The Influence of Organizational Acquisition Experience on Acquisition Performance. *Administrative Science Quarterly*, No. 44, 1999, pp. 29 – 56.

[68] Haleblian, J., Kim, J. Y., and Rajagopalan, N., The Influence of Acquisition Experience and Performance on Acquisition Behavior: Evidence from the U. S. Commercial Banking Industry. *Academy of Management Journal*, Vol. 49, No. 2, 2006, pp. 357 – 370.

[69] Hansen, R. G., A Theory for The Choice of Exchange Medium in Mergers and Acquisitions. *Journal of Business*, Vol. 60, No. 1, 1987, pp. 75 – 95.

[70] Harford, J., 2005, What Drives Merger Waves. *Journal of Financial Economics*, Vol. 77, No. 3, pp. 529 – 560.

[71] Harford, J., and Schonlau, R. J., Does the Director Labor Market Offer Ex Post Settling – up for CEOs? The Case of Acqui-

sitions. *Journal of Financial Economics*, Vol. 10, No. 1, 2013, pp. 18 – 36.

[72] Haspeslagh, P. C., and Jemison, D. B., Managing Acquisitions: Creating Value through Corporate Renewal. *Academy of Management Review*, Vol. 18, No. 2, 1991, pp. 370 – 374.

[73] Haunschild, P. R., Interorganizational Imitation: The Impact of Interlocks on Corporate Acquisition Activity. *Administrative Science Quarterly*, Vol. 38, No. 4, 1993, pp. 564 – 592.

[74] Haunschild, P. R., and Beckman, C. M., When Do Interlocks Matter? Alternate Sources of Information and Interlock Influence. *Administrative Science Quarterly*, Vol. 43, No. 4, 1998, pp. 815 – 844.

[75] Hayward, M. L., When do Firms Learn from Their Acquisition Experience? Evidence from 1990 to 1995. *Strategic Management Journal*, Vol. 23, No. 1, 2002, pp. 21 – 39.

[76] Hayward, M. L., and Hambrick, D. C., Explaining the Premiums Paid for Large Acquisitions: Evidence of CEO hubris. *Administrative Science Quarterly*, Vol. 42, No. 1, 1997, pp. 103 – 127.

[77] Healy, P. M., Palepu, K. G., and Ruback, R. S., Does Corporate Performance Improve after Mergers. *Journal of Financial Economics*, Vol. 31, No. 2, 1992, pp. 135 – 175.

[78] Hermalin, B. E., and Weisbach, M. S., Endogenously – chosen Boards of Directors and their Monitoring of the CEO. *The American Economic Review*, Vol. 88, No. 1, 1998, pp. 96 – 118.

[79] Hermalin, B. E., and Weisbach, M. S., Boards of Directors as an Endogenously Determined Institution: A Survey of the

Economic Literature. *Federal Reserve Bank of New York Economic Policy Review*, Vol. 9, No. 4, 2003, pp. 7 – 26.

[80] Hillman, A. J., Withers, M. C., and Collins, B. J., Resource Dependence Theory: A Review. *Journal of Management*, Vol. 35, No. 6, 2009, pp. 1404 – 1427.

[81] Hitt, M. A., Harrison, J. S., and Ireland, R. D., *Mergers and Acquisitions: A Guide to Creating Value for Stakeholders*. New York: Oxford University Press, 2001.

[82] Hitt, M., and Tyler, B., Strategic Decision Models: Integrating Different Perspectives. *Strategic Management Journal*, Vol. 12, No. 5, 1991, pp. 327 – 351.

[83] Hitt, M. A., Dacin, M. T., and Levitas, E., Partner Selection in Emerging and Developed Market Contexts: Resource – based and Organizational Learning perspectives. *Academy of Management Journal*, Vol. 43, No. 3, 2000, pp. 449 – 467.

[84] Houston, J. F., James, C. M., and Ryngaert, M. D., Where do Merger Gains Come from? Bank Mergers from the Perspective of Insiders and Outsiders. *Journal of Financial Economics*, Vol. 60, No. 2 – 3, 2001, pp. 285 – 331.

[85] Huang, Q., Jiang, F., and Lie, E., et al., The Role of Investment Banker Directors in M&A. *Journal of Financial Economics*, Vol. 112, No. 2, 2014, pp. 269 – 286.

[86] Huber, G. P., Organizational Learning: The Contributing Processes and the Literatures. *Organization Science*, Vol. 2, No. 1, 1991, pp. 88 – 115.

[87] Hwang, B. H., and Kim, S., It Pays to have Friends. *Journal of Financial Economics*, Vol. 93, No. 1, 2009, pp. 138 – 158.

[88] Ishii, J., and Xuan, Y., Acquirer – target Social Ties and Merger Outcomes. *Journal of Financial Economics*, Vol. 112, No. 3, 2014, pp. 344 – 363.

[89] Iyer, D. N., and Miller, K. D., Performance Feedback, Slack, and the Timing of Acquisitions. *Academy of Management Journal*, Vol. 51, No. 4, 2008, pp. 808 – 822.

[90] Jarrell, G. A., and Bradley, M., The Economic Effects of Federal and State Regulations of Cash Tender Offers. *The Journal of Law and Economics*, Vol. 23, No. 2, 1980, pp. 371 – 407.

[91] Jarrell, G. A., Brickley, J. A., and Netter, J. M., The Market for Corporate Control: The Empirical Evidence Since 1980. *Journal of Economic Perspectives*, Vol. 2, No. 1, 1988, pp. 49 – 68.

[92] Jensen, M. C., and Ruback, R. S., The Market for Corporate Control: The Scientific Evidence. *Journal of Financial Economics*, Vol. 11, No. 1 – 4, 1983, pp. 5 – 50.

[93] Kaplan, S. N., and Weisbach, M. S., The Success of Acquisitions: Evidence from Divestitures. *Journal of Finance*, Vol. 47, No. 1, 1992, pp. 107 – 138.

[94] Kerr, N. L., and Tindale, R. S., Group Performance and Decision Making. *Annual Review of Psychology*, No. 55, 2004, pp. 623 – 655.

[95] Kim, W. G., and Arbel, A., Predicting Merger Targets of Hospitality Firms (a Logit Model). *International Journal of Hospitality Management*, Vol. 17, No. 3, 1998, pp. 303 – 318.

[96] King, D. R., Dalton, D. R., Daily, C. M., and Covin, J. G., Meta – Analyses of Post – acquisition Performance: Indications of Unidentified Moderators. *Strategic Management Journal*, Vol. 25,

No. 2, 2004, pp. 187 -200.

[97] Klein, B., Crawford, R. G., and Alchian, A. A., Vertical Integration, Appropriable Rents, and the Competitive Contracting Process. *Journal of Law and Economics*, Vol. 21, No. 2, 1978, pp. 297 -326.

[98] Kogut, B., and Zander, U., Knowledge of the Firm, Combinative Capabilities, and the Replication of Technology. *Knowledge in Organizations*, Vol. 3, No. 3, 1992, pp. 17 -35.

[99] Kohers, N., and Kohers, T., The Value Creation Potential of High - tech Mergers. *Financial Analysts Journal*, Vol. 56, No. 3, 2000, pp. 40 -51.

[100] Kroll, M., Walters, B. A., and Wright, P., Board Vigilance, Director Experience, and Corporate Outcomes. *Strategic Management Journal*, Vol. 29, No. 4, 2008, pp. 363 -382.

[101] Kumar, B. R., and Rajib, P., Characteristics of Merging Firms in India: An Empirical Examination. *Vikalpa*, Vol. 32, No. 1, 2007, pp. 27.

[102] Kummer, D. R., and Hoffmeister, J. R., Valuation Consequences of Cash Tender Offers. *Journal of Finance*, Vol. 33, No. 2, 1978, pp. 505 -516.

[103] Lang, L. H. P., Stulz, R., and Walkling, R. A., Managerial Performance, Tobin's Q, and the Gains from Successful Tender Offers. *Journal of Financial Economics*, Vol. 24, No. 1, 1989, pp. 137 -154.

[104] Lang, M. H., Lins, K. V., and Miller, D. P., ADRs, Analysts, and Accuracy: Does Cross Listing in the United States Improve a Firm's Information Environment and Increase Market Val-

ue. *Journal of Accounting Research*, Vol. 41, No. 2, 2003, pp. 317 - 345.

[105] Larcker, D. F., So, E. C., and Wang, C. C. Y., Boardroom Centrality and Firm Performance. *Journal of Accounting and Economics*, Vol. 55, No. 2, 2013, pp. 225 - 250.

[106] Laumann, E. O., Marsden, P. V., and Galaskiewicz, J., Community - Elite Influence Structures: Extension of a Network Approach. *American Journal of Sociology*, Vol. 83, No. 3, 1977, pp. 594 - 631.

[107] Leeth, J. D., and Borg, J. R., The Impact of Takeovers on Shareholder Wealth during the 1920s Merger Wave. *Journal of Financial and Quantitative Analysis*, Vol. 35, No. 2, 2000, pp. 217 - 238.

[108] Levinthal, D., and March, J. G., A Model of Adaptive Organizational Search. *Journal of Economic Behavior and Organization*, Vol. 2, No. 4, 1981, pp. 307 - 333.

[109] Levitt, B., and March, J. G., Organizational Learning. *Annual Review of Sociology*, 1988, Vol. 14, No. 1, 1988, pp. 319 - 340.

[110] Liebeskind, J. P., Oliver, A. L., Zucker, L., et al. Social Networks, Learning, and Flexibility: Sourcing Scientific Knowledge in New Biotechnology Firms. *Social Science Electronic Publishing*, Vol. 7, No. 4, 1996, pp. 428 - 443.

[111] Lin, Z., Peng, M. W., and Yang, H., et al., How do Networks and Learning Drive M&As? An Institutional Comparison between China and the United States. *Strategic Management Journal*, Vol. 30, No. 10, 2009, pp. 1113 - 1132.

[112] Loderer, C., and Martin, K., Corporate Acquisitions by

Listed Firms: The Experience of a Comprehensive Sample. *Financial Management*, Vol. 19, No. 4, 1990, pp. 17 – 33.

[113] Lorsch, J., and Maciver, E., *Pawns and potentates*, Boston: Harvard Business School, 1989.

[114] Loughran, T., and Vijh, A. M., Do Long – Term Shareholders Benefit From Corporate Acquisitions. *Journal of Finance*, Vol. 52, No. 5, 1997, pp. 1765 – 1790.

[115] Lubatkin, M., Mergers and the Performance of the Acquiring Firm. *Academy of Management Review*, Vol. 8, No. 2, 1983, pp. 218 – 225.

[116] Malmendier, U., and Tate, G., Who Makes Acquisitions? CEO Overconfidence and the Market's Reaction. *Journal of Financial Economics*, Vol. 89, No. 1, 2008, pp. 20 – 43.

[117] March, J. G., Exploration and Exploitation in Organization Learning. *Organization Science*, Vol. 2, No. 1, 1991, pp. 71 – 87.

[118] Martin, X., Swaminathan, A., and Mitchell, W., Organizational Evolution in the Interorganizational Environment: Incentives and Constraints on International Expansion Strategy. *Administrative Science Quarterly*, Vol. 43, No. 3, 1998, pp. 566 – 601.

[119] Masulis, R, W., Wang, C., and Xie, F., Corporate Governance and Acquirer Returns. *The Journal of Finance*, Vol. 62, No. 4, 2007, pp. 1851 – 1889.

[120] Mcdonald, M. L., Westphal, J. D., and Graebner, M. E., What do They Know? The Effects of Outside Director Acquisition Experience on Firm Acquisition Performance. *Strategic Management Journal*, Vol. 29, No. 11, 2008, pp. 1155 – 1177.

[121] Mitchell, M. L. , and Stafford, E. , 2000, "Managerial Decisions and Long – Term Stock Price Performance. *Erik Stafford*, Vol. No. 73 (3): 287 –329.

[122] Moeller, S. B. , Schlingemann, F. P. , and Stulz, R. M. , Firm Size and the Gains from Acquisitions. *Journal of Financial Economics*, Vol. 73, No. 2, 2004, pp. 201 –228.

[123] Monks, R. A. G. , and Minow, N. , Corporate Governance. *Journal of Finance*, Vol. 3, No. 5, 2001, pp. 495 –503.

[124] Morck, R. , Shleifer, A. , and Vishny, R. W. , Do Managerial Objectives Drive Bad Acquisitions. *Journal of Finance*, Vol. 45, No. 1, 1990, pp. 31 –48.

[125] Mulherin, J. H. , and Boone, A. L. , Comparing Acquisitions and Divestitures. *Journal of Corporate Finance*, Vol. 6, No. 2, 2000, pp. 117 –139.

[126] Nguyen, B. D. , Does the Rolodex Matter? Corporate Elite's Small World and the Effectiveness of Boards of Directors. *Management Science*, Vol. 58, No. 2, 2012, pp. 236 –252.

[127] Nonaka, I. , *The Knowledge – creating Company*. Cambridge: Harvard Business Review Press, 1991.

[128] O'Hagan, S. B. , and Green, M. B. , Corporate knowledge Transfer Via Interlocking Directorates: a Network Analysis Approach. *Geoforum*, Vol. 35, No. 1, 2004, pp. 127 –139.

[129] Palmer, D. , Friedland, R. , and Singh, J. V. , The Ties That Bind: Organizational and Class Bases of Stability in a Corporate Interlock Network. *American Sociological Review*, Vol. 51, No. 6, 1986, pp. 781 –796.

[130] Peng, M. W. , and Luo, Y. , Managerial Ties and Firm

Performance in a Transition Economy: The Nature of a Micro – macro Link. *Academy of Management Journal*, Vol. 43, No. 3, 2000, pp. 486 – 501.

[131] Pfeffer, J., and Salancik, G. R., *The External Control of Organizations: A Resource Dependence Approach*. NY: Harper and Row Publishers, 1978.

[132] Powell, W. W., Interorganizational Collaboration and the Locus of Innovation: Networks of Learning in Biotechnology. *Administrative Science Quarterly*, Vol. 41, No. 1, 1996, pp. 116 – 145.

[133] Pratten, C. F., *Economies of Scale in Manufacturing Industry*. Cambridge: Cambridge University Press, 1971.

[134] Reagans, R., Argote, L., and Brooks, D., Individual Experience and Experience Working Together: Predicting Learning Rates from Knowing Who Knows What and Knowing How to Work Together. *Management Science*, No. 51, 2005, pp. 869 – 881.

[135] Reeves, L., and Weisberg, R. W., The Role of Content and Abstract Information in Analogical Transfer. *Psychological bulletin*, Vol. 115, No. 3, 1994, pp. 381.

[136] Reger, R. K., and Huff, A. S., Strategic groups: A Cognitive Perspective. *Strategic Management Journal*, Vol. 14, No. 2, 1993, pp. 103 – 123.

[137] Renneboog, L., and Zhao, Y., Director Networks and Takeovers. *Journal of Corporate Finance*, Vol. 28, No. 5, 2014, pp. 218 – 234.

[138] Schmidt, B., Costs and Benefits of Friendly Boards during Mergers and Acquisitions. *Journal of Financial Economics*,

Vol. 117, No. 2, 2015, pp. 424 -447.

[139] Schonlau, R., and Singh, P., Board Networks and Merger Performance. *Social Science Electronic Publishing*, 2009.

[140] Scott, J., Networks of Corporate Power: A Comparative Assessment. *Annual Review of Sociology*, Vol. 17, No. 1, 1991, pp. 181 -203.

[141] Shue, K., Executive Networks and Firm Policies: Evidence from the Random Assignment of MBA Peers. *Review of Financial Studies*, Vol. 26, No. 6, 2013, pp. 1401 -1442.

[142] Stearns, L. B., and Allan, K. D., Economic Behavior in Institutional Environments: The Corporate Merger Wave of the 1980s Author. *American Sociological Review*, Vol. 61, No. 4, 1996, pp. 699 - 718.

[143] Sternberg, R. J., Cognitive Conceptions of Expertise. *International Journal of Expert Systems*, Vol. 7, No. 1, 1997, pp. 149 - 162.

[144] Trahan, E. A., Industry Effects on the Abnormal Returns to Acquiring Firms. *Journal of Applied Business Research*, Vol. 10, No. 3, 1994, pp. 10.

[145] Trautwein, F., Merger Motives and Merger Prescriptions. *Strategic Management Journal*, Vol. 11, No. 4, 1990, pp. 283 - 295.

[146] Varaiya, N. P., and Ferris, K. R., Overpaying in Corporate Takeovers: The Winner's Curse. *Financial Analysts Journal*, Vol. 43, No. 3, 1987, pp. 64 -70.

[147] Vermeulen, F., and Barkema, H., Learning through Acquisitions. *Academy of Management Journal*, Vol. 44, No. 3, 2001,

pp. 457 – 476.

[148] Walker, M. M., Corporate Takeovers, Strategic Objectives, and Acquiring – Firm Shareholder Wealth. *Financial Management*, Vol. 29, No. 1, 2000, pp. 53 – 66.

[149] Wang, C., and Xie, F., Corporate Governance Transfer and Synergistic Gains from Mergers and Acquisitions. *Review of Financial Studies*, Vol. 22, No. 2, 2009, pp. 829 – 858.

[150] Wansley, J. W., Lane, W. R., and Yang, H. C., Gains to Bidder Firms in Cash and Securities Transactions. *Financial Review*, Vol. 22, No. 4, 1987, pp. 403 – 414.

[151] Wasserman, S., and Faust, K., *Social Network Analysis: Methods and Applications*. NY: Cambridge University Press, 1994.

[152] Weston, J. F., Mitchell, M. L., and Mulherin, J. H., et al., *Takeovers, Restructuring, and Corporate Governance*. Prentice Hall, 2001.

[153] Wu Qingqing, *Information Conduit or Agency Cost: Top Management and Director Interlock between Target and Acquirer*. Working Paper, North Carolina State University, 2011.

[154] Yermack, D., Higher Market Valuation for Firms with a Small Board of Directors. *Journal of Financial Economics*, Vol. 40, No. 2, 1996, pp. 185 – 211.

[155] Zahra, S. A., and George, G., Absorptive Capacity: A Review, Reconceptualization, and Extension. *Academy of Management Review*, Vol. 27, No. 2, 2002, pp. 185 – 203.

[156] Zollo, M., and Singh, H., Deliberate Learning in Corporate Acquisitions: Post – acquisition Strategies and Integration Capa-

bility in US Bank Mergers. *Strategic Management Journal*, Vol. 25, No. 13, 2004, pp. 1233 -1256.

[157] Zollo, M., and Winter, S. G., Deliberate Learning and the Evolution of Dynamic Capabilities. *Organization Science*, Vol. 13, No. 3, 2002, pp. 339 -351.

[158] Zollo, M., Reuer, J. J., and Singh, H., Inter - organizational Routines and Performance in Strategic Alliances. *Organization Science*, Vol. 13, No. 6, 2002, pp. 701 -713.